쉼표,
강릉

휴식이 필요한 당신을 위한 맞춤 강릉 여행

쉼표,
강릉

유승혜 지음

정동진

선교장

경포 가시연습지

임해자연휴양림

주문진항

선자령풍치길

프롤로그

솔내음과 파도 소리, 그리고 커피 한잔
세상 모든 쉼표의 도시

강릉에서라면 눈을 감아도 좋다. 보이지 않아도 느껴지는 것들이 많기 때문이다. 금강송이 뿜어내는 그윽한 솔향과 쏴아아 시원한 바다의 목소리, 손에 쥔 뜨거운 커피 한 잔. 단돈 3000원이면 충분하다. 대자연 속에서 근사하게 누릴 수 있는 휴식이 강릉에 있다.

사실 강릉은 굳이 '좋다'고 광고하지 않아도 많은 여행자가 찾는 다채로운 도시다. 강릉에는 국내 해수욕장 1번지로 통하는 경포해변과 동해안 최대 수산시장인 주문진수산시장, 일출을 맞이하기에 좋은 곳으로 이름난 정동진 등 손꼽히는 명소가 줄을 잇는다. 산과 바다, 계곡과 호수, 농촌과 어촌, 그리고 번화한 도심까지 그 모두를 갖추었으니 남부러울 것 없는 고장인 셈이다.

이 욕심 많은 도시는 최근 몇 년 사이 '바우길'과 '커피'라는 매력적인 콘텐츠를 더해 수많은 이들을 유혹하는 중이다. 산과 바다를 아우르는 바우길은 아름답고 평탄해 트레킹을 즐기는 이들이 매년 증가하는 추세다. 해마다 커피축제가 열릴 만큼 폭발적으로 증가한 카페들은 멋진 풍경에 운치를 더했다. 그럼에도 '피서철에만 붐비는 관광 도시'라고 오해를 하거나 방문 때마다 '오죽헌' '경포해변' 등 너무 잘 알려진 곳만 몇 번씩 들르는 이들이 있다. 강릉은 분명 계절마다 아름다움을 달리하는 도시이다. 봄이면 흐드러진 벚꽃길을 자랑하는 경포호, 여름이면 늪을 가득 메운 가시연으로 비경을 뽐내는 경포 가시연습지, 가을이면 울긋불긋 화려한 빛깔을 빚어내는 대관령과 소금강, 겨울이면 수북하게 눈이 쌓여 터널을 만드는 경포 해송길에 이르기까지 계절마다 색다른 풍경이 강릉에 있다. 영진해변, 사천진해변, 강문해변 등 상대적으로 덜 알려졌지만 그래서 더 좋은 바닷가는 혼자만의 아지트로 삼고 싶고 소돌항, 심곡항, 금진항 등 작은 항구는 소박한 어촌의 정취가 물씬 풍겨 오래도록 머무르고 싶다.

이 책은 강릉을 효율적이고 즐겁게 다닐 수 있도록 동선을 안내하고 도시의 구석구석을 소개한 친절한 가이드다. 권역별로 나눈 다섯 코스는 각각 하루 동안 다닐 수 있는 일정으로 구성했으며 일부 구간을 제외하면 자동차가 없어도 도보와 대중교통을 이용해 충분히 둘러볼 수 있다. 하루 코스이기 때문에 두 개 코스를 묶으면 1박 2일 코스가, 세 개 코스를 묶으면 2박 3일 코스가 된다. 물론 여행자의 기호와 시간에 따라 마음대로 '섞어' 다녀도 문제없다. 이 책이 강릉에서의 편안한 휴식과 행복한 여행을 만드는 데 도움이 되길 바란다.

프롤로그 ● 16

여행의 시작

강릉, 어떻게 갈까 ● 24
버스편
열차편

강릉, 어떻게 다닐까 ● 26
주요 버스
택시
렌터카
시티투어
관광안내소
주요 기관 문의처와 홈페이지
특산품과 기념품
유용한 앱
개화 시기
축제와 행사

읽고 보고 가면 좋다 ● 30
날씨 ● 31
짐과 신발 ● 31

한눈에 보는 강릉 ● 32

01 경포권
솔내음 느끼며 걷는 강릉

이것만은 꼭 ● 38

오죽헌 ● 40
선교장 ● 46
경포호와 경포 가시연습지 ● 50
참소리축음기 에디슨과학박물관 ● 54
허균·허난설헌기념공원 ● 58
경포해변 ● 62
안목해변 ● 66

여기도 한번 가보세요 ● 70
강문해변
사천진해변

무엇을 먹을까 ● 74
토담순두부
고분옥할머니순두부
동화가든
농촌순두부차현희청국장
민속옹심이&막국수
카페폴앤메리
옛태광식당
서지초가뜰
사천물회전문
장안횟집
강문어화횟집
솔향횟집

어디서 쉴까 ● 80
산토리니
엘빈
유디트의 정원
강릉마카커피
쉘리스커피
카페카모메

어디서 잘까 ● 84
라카이샌드파인리조트
경포비치호텔
감자려인숙이
강릉게스트하우스 커피거리점
선교장 한옥 스테이
사천해변게스트하우스
어린왕자게스트하우스
솔게스트하우스

강릉 바다 짜릿하게 즐기기 ● 90

02 시내권
강릉의 숨겨진 아지트

이것만은 꼭 ● 98

강릉향교 ● 100
강릉시립미술관 ● 104
강릉임영관 관아 ● 108
명주사랑채 ● 112
굴산사지 당간지주 ● 116
강릉솔향수목원 ● 120

여기도 한번 가보세요 ● 124
중앙·성남시장
강릉단오문화관

무엇을 먹을까 ● 128
손병욱베이커리
싸전
바로방
벌집
할머니현대장칼국수
뚱보냉면
포남동사골옹심이
교동반점
광덕식당
강릉감자옹심이

어디서 쉴까 ● **134**
커피작가
삿포로커피숍
북카페모모
테라로사커피공장
마카조은
봉봉방앗간

어디서 잘까 ● **138**
동아호텔
VV호텔
드라마모텔
홍씨호텔

03 정동진권
바다가 보이는 강릉

이것만은 꼭 ● **144**

강릉통일공원 ● **146**
하슬라아트월드 ● **150**
정동진 ● **154**
정동진박물관 ● **158**

여기도 한번 가보세요 ● **162**
헌화로
등명락가사
옥계시장

무엇을 먹을까 ● **168**
바다마을횟집
큰기와집
시골식당
썬한식
항구마차

어디서 쉴까 ● **172**
썬카페
정동진여행카페

어디서 잘까 ● **174**
하슬라뮤지엄호텔
썬크루즈리조트
임해자연휴양림
호텔메이플비치

바다열차로 동해안 즐기기 ● **178**

04 대관령권
푸른 하늘 아래 강릉

이것만은 꼭 ● 184

선자령풍차길 ● 186
대관령옛길 ● 192
대관령박물관 ● 196
커피박물관 ● 200
안반데기 ● 204

여기도 한번 가보세요 ● 208
노추산 모정탑길
보현사

무엇을 먹을까 ● 212
대굴령민들레동산
작은식당835
숲속집
옛카나리아
성산기사가든
나들이생오리숯불구이

어디서 쉴까 ● 216
라쁨므
안반데기카페
커피커퍼 왕산점

어디서 잘까 ● 218
운유촌
바우길게스트하우스
대관령초록향기펜션
대관령자연휴양림

커피의 도시 제대로 즐기는 법 ● 220

05 소금강·주문진권
건강한 기운을 얻는 강릉

이것만은 꼭 ● 226

소금강 ● 228
소금강 양떼목장 ● 234
현덕사 ● 238
주문진 ● 242

여기도 한번 가보세요 ● 246
향호
소돌아들바위

무엇을 먹을까 ● 252
시골한밥상
연곡꾹저구탕
마시와오징어빵
실비생선구이
대동면옥
삼교리원조동치미막국수
월성식당
캐빈횟집

어디서 쉴까 ● 256
쿠바
커피바다
보헤미안

어디서 잘까 ● 258
주문진리조트
더 블루힐
소금강 양떼목장
현덕사 템플스테이
노벰버펜션

이렇게도 즐겨보세요 ● 262

이렇게도 가보자

날짜별 코스 ● 264
당일치기 코스
1박 2일 코스
2박 3일 코스

테마별 하루 코스 ● 265
커피 로드 코스
자전거 코스
먹거리 코스
연인들을 위한 코스
나홀로 코스
유적 답사 코스

바우길 걷기 ● 266

솔향수목원

여행의 시작

강릉, 어떻게 갈까

★ 버스편

강릉으로 갈 때

고속버스

도시	첫차	막차	소요시간
서울발	6:00	23:30	2시간 40분

시외버스

도시	첫차	막차	소요시간
서울발	6:22	23:05	2시간 40분
부산발	6:58	23:40	6시간
광주발	7:00	18:00	5시간 30분

강릉에서 돌아올 때

고속버스

도시	첫차	막차	소요시간
서울행	6:00	23:30	2시간 40분

시외버스

도시	첫차	막차	소요시간
서울행	6:00	22:00	2시간 40분
부산행	7:20	00:30	6시간
광주행	9:00	18:00	5시간 30분

버스터미널 연락처

강릉고속터미널 033-643-6093
강릉시외버스터미널 033-643-6092
서울고속버스터미널 1688-4700
동서울종합터미널 1688-5979
부산종합버스터미널 1577-9956
광주종합버스터미널 062-360-8114

대전복합터미널 1577-2259
동대구고속버스터미널 1588-6900
울산시외버스터미널 052-275-8087
원주시외버스터미널 033-734-4114
인천터미널 032-430-7114
전주시외버스공용터미널
063-272-0109

★ 열차편 (코레일 1544-7788)

강릉으로 갈 때

서울발	첫차	열차	막차	열차
청량리역-강릉역	7:07~13:04	무궁화	23:25~04:44	무궁화

부산발	첫차	열차	막차	열차
부산역-동대구역	5:00~5:46	KTX	15:30~16:16	KTX
동대구역-강릉역	6:15~12:16	무궁화	16:30~22:35	무궁화

강릉에서 돌아올 때

서울행	첫차	열차	막차	열차
강릉역-청량리역	4:45~10:16	무궁화	16:25~22:13	무궁화

부산행	첫차	열차	막차	열차
강릉역-동대구역	6:15~12:39	무궁화	17:23~23:26	무궁화
동대구역-부산역	12:56~13:42	KTX	23:54~00:46	KTX

* 열차에 따라 소요시간에 차이가 있으므로 탑승 전 반드시 확인하자.

강릉, 어떻게 다닐까

1. 주요 버스

202번 오죽헌, 선교장, 참소리축음기 에디슨과학박물관, 경포해변
202-1번 경포해변, 참소리축음기 에디슨과학박물관, 선교장, 오죽헌, 중앙·성남시장
111번, 112번, 113번 강릉통일공원, 하슬라아트월드, 정동진
303번 소금강, 현덕사
230번, 206번, 207번 초당두부마을
302번, 315번 주문진
101번 테라로사커피공장, 학산(굴산사지 당간지주)
202-1번, 303-1번, 302번 안목해변(안목행은 동해상사 버스 이용)

위 버스들은 주로 시외버스터미널과 신영극장(시내)을 경유한다. 주문진을 향하는 버스는 시외버스터미널 맞은편 정류장에서 탑승한다. 티머니 카드와 캐시비 카드, 기타 후불제 교통카드를 사용할 수 있고 환승 할인이 가능하다.

2. 택시

친절콜 1588-8234
K-콜 033-648-0000
강릉콜 033-653-2288
명주콜 033-662-2253
솔향콜 033-655-1008

3. 렌터카

현대렌트카 강릉터미널 영업소 033-655-8901
강원렌트카 033-646-5588
하나로오토렌탈 강릉영업소 033-646-1480

4. 시티투어

시에서 지원하는 시티투어는 아직 없고 여행사에서 특정 시기에 운영하는 투어 상품이 있다. 보통 커피박물관과 대관령 양떼목장, 중앙시장, 안목해변 등을 도는 코스로 운영된다.
강릉시티투어 탑항공여행사 1577-6442

관광안내소

종합 관광안내소(경포) 033-640-4414
터미널 관광안내소 033-640-4537
강릉역 관광안내소 033-640-4534
정동진 관광안내소 033-640-4536
주문진 관광안내소 033-640-4535
함정전시관 특산물판매장 033-642-9898

주요 기관 문의처와 홈페이지

강릉시청 문화관광과 033-640-5783
tour.gangneung.go.kr
강릉시 공식 페이스북 www.facebook.com/pinecitygn
강릉관광개발공사 033-642-0436, www.gtdc.co.kr
강릉문화원 070-8275-3014, www.gucc.or.kr
대한숙박업 강릉지부 033-652-1152
코레일 관광개발 바다열차 033-573-5475, www.seatrain.co.kr
강릉 바우길 033-645-0990, www.baugil.org
강릉항 여객터미널 033-653-8670

특산품과 기념품

사천과줄 사천 지역 전통 과줄, 033-647-7757
부연동토종꿀 부연동에서 생산되는 순수 토종꿀, 033-662-7215
방짜수저 구리에 놋쇠를 불에 달구어 만든 수저, 033-646-7835
중앙시장 033-648-2285
주문진수산시장 033-661-7302
오죽헌기념품판매장 033-647-7555

선교장기념품판매장 033-643-2724
주문진기념품판매장 033-643-0070
강릉관광기념품센터 033-640-4470

유용한 앱

토스트, 강릉관광 강원도 여행 정보
커피도시 강릉 강릉 커피 여행 정보
강릉단오제 강릉단오제 정보

개화 시기

벚꽃 4월 초순~4월 중순
연꽃 7월 중순~8월 하순
단풍 10월 하순~11월 중순

축제와 행사

강릉단오제 음력 5월 1일~8일, 강릉시 일원, 대관령산신제, 단오굿, 강릉농악 등
경포벚꽃축제 4월 초, 경포 일원
주문진오징어축제 10월 중, 주문진물양장
커피축제 10월 중, 강릉시 일원
해돋이축제 1월 1일, 경포해변, 정동진해변
난설헌문화제 4월 중, 허균·허난설헌기념공원

읽고 보고 가면 좋다

Book

『강릉 바우길』
김진아

『난설헌』
최문희

『율곡이이 평전』
한영우

『선교장』
차장섭

Movie

〈내가 고백을 하면〉
조성규 감독
김태우, 예지원 주연

〈내 아내의 모든 것〉
민규동 감독
임수정, 이선균, 류승룡 주연

〈식객〉
전윤수 감독
김강우, 임원희, 이하나 주연

〈맛있는 인생〉
조성규 감독
류승수, 이솜 주연

〈동해물과 백두산이〉
안진우 감독
정준호, 공형진 주연

〈봄날은 간다〉
허진호 감독
유지태, 이영애 주연

〈주문진〉
하명중 감독
황보라, 김기범 주연

〈관상〉
한재림 감독
송강호, 이정재, 백윤식, 김혜수, 조정석, 이종석 주연

날씨

산맥의 급경사면이 바다와 접해 있어 위도에 비하면 겨울철은 온난하고 여름철은 비교적 시원한 편이다. 그러나 최근 여름에 많이 무더워져 강릉 시민들은 비교적 서늘한 대관령으로 올라가 피서를 즐긴다. 겨울에는 눈이 많이 내린다.

짐과 신발

강릉은 걷기 좋은 길이 많아 운동화면 충분하지만, 대관령이나 소금강에 오를 예정이라면 트레킹화나 등산화를 신도록 하자. 여름철에는 바다나 계곡에 발을 담글 수 있으니 슬리퍼도 준비하자. 짐은 되도록 가볍게 하고 무겁다면 시외버스터미널 건어물 가게에 있는 유료 보관소나 오죽헌 무료 보관함에 넣어두도록 하자.

한눈에 보는 강릉

양양

현덕사 ■

소금강 양떼목장

소금강 ■

**05
소금강·주문진권**

평창

선자령풍차길

대관령옛길

대관령박물관

커피박물관

안반데기

**04
대관령권**

정선

01 경포권

솔내음 느끼며 걷는 강릉

솔내음 느끼며 걷는 길

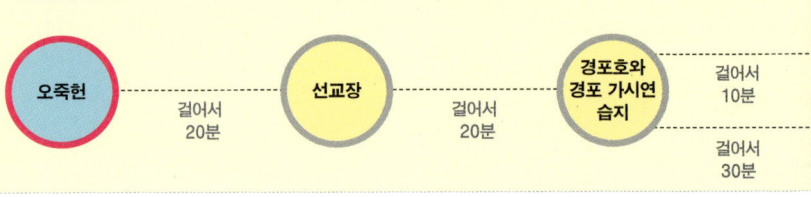

오죽헌 --- 걸어서 20분 --- 선교장 --- 걸어서 20분 --- 경포호와 경포 가시연 습지 --- 걸어서 10분 / 걸어서 30분

주요 장소
- 🟩 식당
- 🔵 카페
- ⚫ 숙소
- 🔴 여기도 한번

주요 시설
A. 원조옛태광식당
B. 카페폴앤메리

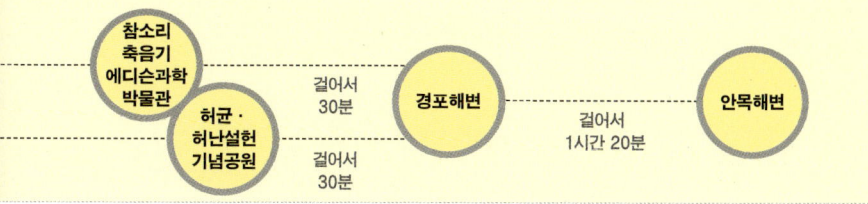

걷기 난이도 ★☆☆☆☆

전혀 힘들지 않다.

언제 가면 좋을까

사계절 모두. 봄에는 경포호 일대에 벚꽃이 피어 예쁘다. 여름에는 그늘이 없어 무더울 수 있지만 선교장과 경포 가시연습지는 연이 만발해 매우 아름답다. 솔바람이 쾌적한 가을에는 단풍이 장관이다. 겨울에는 해변을 따라 숲을 이룬 해송에 눈이 쌓여 절경을 이룬다.

본격적인 여행에 앞서

1. 경포해변 근처에 자전거대여소가 많은데 시간당 5000원 선이다. 한나절이나 하루 동안 빌리면 가격을 흥정할 수 있다. 일부 게스트하우스에서도 자전거를 대여해주니 묵을 만한 숙소에 미리 확인해보자.

2. 오죽헌에서 경포해변 혹은 안목해변을 지나는 버스는 15~20분 간격으로 다닌다. 그러나 오죽헌부터 안목해변까지는 풍경이 아름다우니 걷거나 자전거를 타는 것을 추천한다. 시내에서 오죽헌까지 가는 버스는 202번, 206번, 207번, 230번, 302번, 303번 등이 있다. 경포해변까지는 202번, 안목해변까지는 202-1번, 302번, 303-1번이 간다.(시외버스터미널 기준)

3. 코스 중간중간 식당과 카페가 심심치 않게 자리하고 있으니 쉬엄쉬엄 다니며 쉼표를 찍어보자. 숙소와 편의점은 경포해변에 몰려 있다.

이것만은 꼭

★ **자전거를 타고 경포호를 한 바퀴 돌아보자.** 경포호 둘레길과 경포 가시연습지, 경포해변부터 안목해변에 이르기까지 자전거도로가 잘 조성되어 있다. 경포해변 버스정류장 방면에 자리한 자전거대여소나 게스트하우스에서 자전거를 대여하자.

★ **초당두부마을에서 건강한 한 끼 식사를!** 허균·허난설헌기념공원 근처에 위치한 초당두부마을에 가면 따끈한 두부를 맛볼 수 있다. 두부 메뉴가 다양하지만 그중 기본인 하얗고 부드러운 순두부를 먹어보자. 바닷물을 간수로 해 고소하고 담백한 맛이 좋다. 속도 편안하고 한결 건강해지는 느낌이다.

★ **해송길을 걸어보자.** 경포해변에서 안목해변까지 약 5킬로미터에 이르는 해변에는 사계절 푸르른 소나무가 그윽한 솔향을 풍기며 군락을 이루고 있다. 바다를 곁에 두고 소나무 사이를 걷는 즐거움 또한 강릉 여행의 특별한 추억이 될 것이다. 중간중간 해변이 있으니 걷다 힘들면 얼마든지 쉬었다 가도 좋다.

★ **지는 해 바라보며 해변에서 커피 마시기.** 일출도 좋지만 바닷가에서 낙조를 마주하는 것도 황홀한 체험이다. 항구도 좋고 해변도 좋다. 한여름에는 오후 8시, 한겨울에는 오후 5시 정도에 해가 진다. 경포권에서는 사천진항과 안목해변을 추천한다.

★ **경포해변에서 사천진해변까지 자전거를 타보자.** 이 구간도 자전거 도로가 잘 닦여 있다. 왕복으로 1시간 정도 소요된다. 바다를 곁에 두고 라이딩을 하며 상쾌함을 만끽하자. 시간과 체력이 허락한다면 남항진해변부터 주문진항까지 달려도 좋다.

★ **바닷가 레저 만끽하기!** 경포해변과 안목해변 등 강릉 일대 해변은 동해안 최대 관광지답게 다양한 레저를 즐길 수 있다. 여름이면 번지점프, 제트스키 등을 즐길 수 있고, 스쿠버다이빙은 봄부터 가을까지, 요트와 아라나비는 계절에 상관없이 체험할 수 있다.

다시 만난 지갑 속 모자지간
오죽헌

이른바 도시의 '간판'으로 통하는 곳들이 있다. 경주에선 불국사를, 순천에선 순천만을, 부여에선 낙화암을 꼽을 수 있으리라. 그러면 강릉에서는 오죽헌이 그런 곳 아닐까. 강릉 방문이 처음이거나 오랜만이라면 바다에 가기 전 오죽헌부터 들를 일이다. 우선 지갑 속에 5만 원권과 5천 원권을 채워가자. 혹 5천 원짜리 구권이 있다면 더욱 좋다. 돈 없이 살 수 없는 세상, 누구나 부자 되는 꿈을 꾸는 세상일진대 정작 매일 주고받는 화폐에 대한 관심은 그다지 크지 않았음을 반성하게 될 것이다.

이곳은 5만 원권의 주인공 신사임당과 5천 원권의 주인공 율곡이이, 이 굉장한 모자母子의 집이다. 그저 역사적 인물의 소박한 생가겠지 생각하면 오산이다. 오죽헌 본채는 아담하지만 오죽헌을 중심으로 조성한 공원과 기념관, 박물관은 폭넓은 볼거리를 제공한다. 오죽헌부터 율곡기념관, 시립박물관까지 다 둘러본다면 적어도 5만 원권과 5천 원권만 놓고도 할 수 있는 말이 많아질 것이다. 신사임당이 어떤 그림과 글을 남겼고 어떤 여인이었으며 또 어떤 어머니였는지, 율곡은 어떤 학자였고 또 어떤 아들이었는지. 신기하게도 이 두 사람만 잘 알면 조선 중기의 풍습부터 역사까지 아우를 수 있게 된다. 한적한 여유를 만끽하고 싶다면 오죽헌 뒷동산이나 둘레길을 걸어보자. 대나무와 소나무 사이로 불어오는 향긋한 바람이 기분을 평온하게 한다.

알고 가면 더 좋다

오죽헌烏竹軒이라는 이름은 오죽헌과 문성사(율곡의 영정을 모신 사당) 사이에 검은 대나무가 군락을 이루고 있어 붙여진 것이다. 오죽은 강릉 내 다른 지역에서는 자라지 않고 일부러 심어도 뿌리내리지 못한 채 죽는다고 한다. 오죽의 수명은 60년으로 꽃은 단 한 번 피며, 검게 태어나 하얗게 변해 죽는다.

오죽헌에는 600년 된 것이 세 가지가 있다. 바로 오죽헌과 매화나무, 배롱나무다. 율곡매로 불리는 매화나무는 율곡과 신사임당이 가꾸었으며 현재도 꽃이 피고 열매가 열린다.

신사임당(1504~1551년)은 조선 제일의 현모양처로 알려져왔다. 그러나 최근 그림과 시에 있어 당대 손꼽히는 예술가로 재조명되고 있다. 율곡(1536~1584년)은 신사임당의 일곱 자녀 중 셋째 아들로 조선 성리학을 구축한 대표적 학자이자 정치가다.

오죽헌은 신사임당의 친정이다. 신사임당은 이곳에서 나고 자랐고, 율곡도 이곳에서 태어나 여섯 살 때까지 살았다. 신사임당이 살았던 조선 전기만 해도 여자가 친정에서 자식을 기르며 사는 일이 보편적이었다.

오죽헌 맨 오른쪽 온돌방은 '몽룡실'로 율곡이 태어난 곳이다. 사랑채 툇마루 기둥의 글씨는 추사 김정희가 남긴 것이며 사랑채 안에는 율곡이 지은 '화석정'이라는 시도 붙어 있다. "숲 속 정자에 가을이 이미 깊으니 시인의 뜻이 끝이 없도다"로 시작하는 내용인데 이 시를 지었을 때 율곡의 나이는 고작 여덟 살이었다.

율곡의 유품 소장각인 어제각御製閣도 꼭 들르자. 율곡이 쓴『격몽요결』과 열 살까지 썼던 벼루를 보관하고 있는 곳이다. 이곳에 보관된『격몽요결擊蒙要訣』의 서문과 벼루 뒷면 글은 정조가 쓴 것이다. 이곳 현판을 보면 유독 '어御'자만 높여 썼는데, 이는 어자가 임금을 상징하기 때문이라고 한다.

오죽헌에서만 판매하는 패키지 관람권이 있다. 선교장, 참소리축음기 에디슨과학박물관, 강릉통일공원, 동양자수박물관, 커피박물관, 이사부크루즈를 묶어 할인을 받을 수 있으니 오죽헌 외에 해당 장소를 들릴 예정이면 꼭 구매하자.

오죽헌 입구에는 구 5천 원권 이미지의 촬영지점이 발자국 모양으로 표시되어 있다.

문화관광해설을 들으며 돌아보고 난 뒤 혼자 다시 둘러보는 것이 좋다. 단 1월과 2월에는 문화관광해설을 하지 않는다.

'작은 인사동' 오죽헌 공방거리

오죽헌 입구 바로 건너편에 자리한 공방거리도 둘러보자. 공방거리의 메인이라 할 수 있는 강릉예술인창작촌 건물에는 다양한 예술가들의 작업실 및 방문자 체험 공간과 동양자수박물관이 자리하고 있다. 누구나 들어가 미술 체험을 하고 구경을 할 수 있으니 한 바퀴 돌아보는 것도 좋다. 주변 집들의 담장에는 알록달록 예쁜 벽화가 그려져 운치를 더한다.

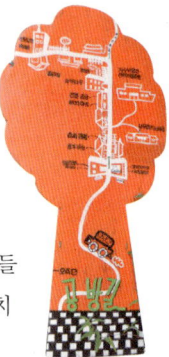

강릉 주민 추천 ★★★★☆

"은행잎과 단풍잎이 곱게 물드는 가을의 오죽헌은 강릉 시민도 자주 찾을 만큼 아름다워요. 10월 말에 오죽헌에서 열리는 대현 율곡이이선생제도 제사 의식과 다양한 문화행사가 열려 볼 만합니다."

- **주소** 강릉시 율곡로3139번길 24
- **입장시간** 8:00~18:00(하절기), 8:00~17:30(동절기)
- **입장료** 3000원
- **평균 소요시간** 1시간
- **문의** 033-640-4457

오죽헌 진입로

선교장

123칸 한옥의 아름다움

드넓은 고택을 우직하고도 푸르게 감싸고 있는 소나무들, 본채 앞 너른 정원과 연못, 그리고 그 위에 세워진 활래정은 그야말로 그림 속 풍경 같다. 자연에 묻힌 듯 튀지 않으면서도 남다른 품위가 느껴져 자연스레 집주인이 누군지 궁금해진다.

선교장은 세종의 형인 효령대군의 11대손 이내번이 1700년대에 건립한 뒤 10대에 걸쳐 300년간 이곳에 자리해온 고택이다. 123칸 규모의 조선시대 옛 살림집 형태를 온전히 보존하고 있으며 우리나라 민가 중 최초로 중요민속자료로 선정된 국가지정문화재다. 궁궐이 아닌 민가는 99칸 이상 지을 수 없는 규제가 있었지만 이곳은 조금씩 '기둥'을 늘려나가 국내 최대 규모 한옥이 되었다. 강원도 유일 만석꾼의 집답게 1만여 평에 달하는 부지에 대문만 12개다. 대를 이은 집주인들은 언제나 곳간 문은 활짝 열어두고 어려운 고을 사람들을 도와 '노블레스 오블리주'를 실천했다. 규모는 커도 담장 높고 거만한 집이 아니었던 것이다.

선교장의 백미는 연못 위의 활래정을 바라보는 풍경과 뒤뜰의 금강송 군락에서 선교장 전체를 아울러 보는 풍경이다. 연꽃이 만개하는 여름이나 눈이 소복하게 쌓인 겨울이 그 절정이다. 일단 선교장의 입구 역할을 하는 '달빛이 내리는 문' 월하문月下門부터 넘고 보자. 장담컨대, 한옥의 아름다움이 바로 이곳에 있다.

알고 가면 더 좋다

선교장船橋莊이라는 이름에는 두 가지 유래가 있는데, 경포호가 지금보다 좀더 컸을 때 배를 타고 건너다닌 곳이어서, 혹은 집터가 뱃머리를 닮았다고 하여 그렇게 불렸다고 한다.

1816년에 지어진 활래정은 선교장의 상징과 같은 곳이다. 연못 위 정자로, 이곳에서 차를 마시거나 다도 체험을 할 수 있다. 최대한 자연에 동화된 느낌을 주기 위해 벽이 없고 기둥과 문만 있다. 연꽃이 만발하는 여름에는 선교장 최고의 포토 스폿이 된다.

솟을대문의 높이가 높은 편인데 가마에서 내리지 않고도 들어갈 수 있게 하기 위함이다. 문에 적힌 선교유거仙嶠幽居의 뜻은 '신선이 머무는 아름다운 곳'이며 솟을대문 옆에 평대문은 아녀자나 아이들이 드나들도록 만든 것이다.

대문 안으로 들어서면 왼쪽은 행랑채, 가운데는 중사랑, 오른쪽은 열화당이다. 열화당은 도서관 역할을 하던 사랑채로 기단을 높게 쌓아 건축물로 권위를 나타냈다. 그 밖에 안방마님과 여인들의 거처인 안채주옥, 안채 동쪽의 별채로 집안 손님들의 거처로 사용했던 동별당, 맏아들의 신혼살림이나 손자들이 사용했던 외별당 등이 있다.

열화당의 이국적인 차양은 1815년에 러시아 공사관이 선물로 지어준 것이다.

강릉 주민 추천 ★★★★★

"선교장을 보지 않고는 강릉을 보았다고 할 수 없지요. 강릉의 상징인 소나무는 물론 조선시대 사대부의 한옥과 그 당시 생활상, 문화까지 모두 접할 수 있는 곳이에요."

- **주소** 강릉시 운정길 63
- **입장시간** 9:00~18:00(하절기), 9:00~17:00(동절기)
- **입장료** 3000원
- **평균 소요시간** 1시간
- **문의** 033-646-3270

선교장 금강송 군락

다섯 개의 달이 뜨는 곳

경포호와
경포 가시연습지

이제 아는 사람들은 안다. 경포호의 둘레길이 얼마나 예쁜 산책로인지, 가시연이 군락을 이루는 습지와 해사한 연꽃밭이 얼마나 황홀한 비경을 자랑하는지.

예로부터 경포호에는 다섯 개의 달이 뜬다고 했다. 하늘에 뜬 달, 바다에 비친 달, 호수에 비친 달, 그리고 술잔에 뜬 달. 마지막으로 상대방의 눈동자에 뜬 달까지. 경포호는 이 이야기만큼이나 낭만적인 곳이다. 습지와 호수를 오가는 새들과 온갖 꽃나무들, 허균·허난설헌기념공원으로 이어지는 소나무길, 아기자기한 조각상들까지 한 걸음 내디딜 때마다 가지각색의 풍경이 눈을 즐겁게 한다. 호수의 둘레길이 5킬로미터가 넘기 때문에 한 바퀴를 도는 데 시간이 꽤 소요되지만 볼거리가 많아 지루하지 않다.

경포호와 붙어 있는 경포 가시연습지는 농경지 개간 후 자취를 감췄던 멸종위기종 2급인 가시연이 습지를 복원하는 과정에서 50여 년 만에 자연 발아해 군락을 이루면서 생태계 보고의 현장이 되었다. 선인장을 닮은 가시연과 수생식물, 희귀 철새들까지 습지 탐방로를 걷다보면 시간이 가는 줄 모른다.

이왕 가버린 시간이라면 낙조가 아름다운 경포호에서 해 질 녘까지 노닥거려도 좋겠다. 해가 진 후에도 섣불리 자리를 뜨지 말 것. 다섯 개의 달을 맞이할 차례다. 마음 맞는 이가 곁에 있으면 더욱 좋겠다. 그래야 다섯번째 달을 볼 수 있을 테니 말이다.

알고 가면 더 좋다

경포호는 벚꽃이 화사하게 피어나는 봄이, 경포 가시연습지는 가시연꽃이 피는 여름이 아름답다.

경포호 맞은편 상가 쪽에 자전거대여점들이 있어 자전거를 빌릴 수 있다. 경포호에서 해변 쪽으로 보이는 소나무 숲은 허균·허난설헌기념공원과 초당두부마을로 향하는 길이다.

경포호 주차장에 있는 관광안내소 맞은편 언덕 위 누각이 경포대다. 경포대 하면 해수욕장을 바로 떠올리는 사람들이 대다수지만 진짜 경포대는 1326년 고려 때 창건된 누각이다. 경포대에 오르면 경포호와 멀리 경포해변까지 한눈에 볼 수 있다.

경포호 중앙에 있는 팔각정은 '월파정月波亭'이다. 1958년 건립되었고 경포호에 비친 달빛이 물결에 흔들리는 모습 때문에 비유해 지어진 이름이다.

경포호 둘레(대로변 쪽)의 아기자기한 조각상은 이곳에서 고려말 강원도순찰사를 지낸 박신과 기생 홍장의 사랑 이야기 묘사한 것이다. 근처에 '홍장암'이란 이름의 바위가 있다.

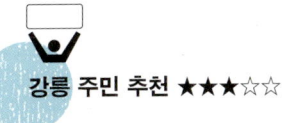

강릉 주민 추천 ★★★☆☆

"피서철 경포해변이 붐빌 때는 오히려 한산한 경포호가 좋지요. 밤에 오면 상가 쪽 불빛이 수변에 비쳐서 또 다른 분위기를 연출한답니다. 경포 가시연습지는 철새들 보는 재미가 쏠쏠하죠."

- **주소** 강원도 강릉시 경포호 365
- **입장시간** 없음
- **입장료** 없음
- **평균 소요시간** 2시간
- **문의** 종합관광안내소 033-640-4414

세계 최대 규모의 오디오 박물관

참소리축음기
에디슨과학박물관

2000년대 이후 급격히 늘어난 사설 박물관들은 그 주제가 독특했을지 몰라도 그 규모나 전시품이 관람객의 기대를 만족시키지 못하는 경우가 많았다. 개인의 '수집 취미'를 보여주는 정도에 그치고 만 것이 대부분이었다. 참소리축음기 에디슨과학박물관 역시 '수집의 결과물'이지만 개인이 수집했다고는 믿어지지 않는 규모와 희귀성은 '개인소장 박물관' 중 최고라 꼽을 만하다.

이곳은 손성목 관장이 40여 년간 60여 개국을 돌며 모은 4500여 점의 축음기를 소장하고 있다. 축음기뿐 아니라 뮤직박스, 라디오, TV 등의 초창기 모델은 1500여 점 있다. 또한 에디슨의 3대 발명품인 축음기, 전구, 영사기를 비롯해 그의 발명품과 유품 2000여 점이 전시된 세계 최대의 에디슨박물관이기도 하다. 미국 워싱턴에 있는 에디슨박물관보다도 에디슨의 발명품들이 더 많이 진열되어 있어 그의 후손들도 이곳을 방문할 정도다. 모든 소장품을 전시할 수 없어 연 3~4회 전시품을 바꿔가며 전시하고 있다.

편의상 '축음기박물관'이라고 일컫지만 사실상 100년의 소리, 빛, 영상의 역사를 한눈에 살필 수 있는 만물상이다. 경포해변을 코앞에 두고 굳이 둘러봐야 할 가치가 있냐고 반문하는 이들에게도 주저 없이 추천한다. 음악에 관심이 없다 해도 후회 없는 곳이다. 단, 1시간 정도 진행되는 해설사의 설명은 반드시 챙겨듣자. 어쩌면 이곳에서 강릉에서의 추억을 수집할 수 있을지도.

알고 가면 더 좋다

축음기에 대한 배경지식이 없고 옛 축음기와 뮤직박스의 소리도 직접 들어보고 싶다면 꼭 해설사와 함께 관람하는 것이 좋다.

손성목 관장은 다섯 살 때 아버지가 사온 축음기 '콜롬비아 G241'에 매혹되어 중학교 시절부터 축음기를 하나둘 모으기 시작했다. 이후 전세계 60여 개국을 돌아다닌 결과 1992년 박물관을 개관하게 되었다.

동전을 넣어 음악을 감상하는 축음기인 '아메리칸 포노그라프'는 1900년 미국에서 여섯 대를 제작했지만 진품으로 남은 것은 오직 한 대다. 그 한 대가 이곳에 전시되어 있다. 1877년 에디슨이 발명한 세계 최초 축음기 '틴 포일' 여섯 대 중 다섯 대, 영화 역사상 최초의 컬러 필름인 〈바람과 함께 사라지다〉를 찍은 촬영기 두 대 중 남아 있는 한 대도 여기에 있다. 이밖에 수많은 '최초' '희귀' 축음기와 음향기기를 만날 수 있다.

박물관 내에는 첨단 음향기기를 들여놓은 음악감상실이 있어 오늘날 '소리'가 얼마나 발달을 거듭했는지 실감할 수 있다. 해설사의 설명을 모두 다 듣고 나면 마지막 코스로 이곳에서 DVD 영상을 보며 음악을 들을 수 있다.

강릉 주민 추천 ★★★★☆

"강릉에도 여러 박물관들이 있지만 주로 이곳을 추천합니다. 볼거리도 많고 남녀노소 누구나 즐겁게 관람할 수 있거든요."

- **주소** 강릉시 경포로371번길 26
- **입장시간** 9:00~17:00
- **입장료** 7000원
- **평균 소요시간** 1시간 30분
- **문의** 033-655-1130

슬프고도 아름다운 어느 남매의 흔적

허균·허난설헌 기념공원

여기, 27세의 한 많은 생애를 마감한 여자가 있다. 그리고 그렇게 세상을 등진 여자가 남긴 시를 수습해 책으로 엮은 그녀의 남동생이 있다. 이들이 바로 시인 허난설헌과 조선 중기 문신이자 『홍길동전』의 저자 허균이다. 남매가 살았던 집은 '난설헌蘭雪軒'이라는 이름을 닮았다. 난초의 청순함과 눈의 깨끗한 이미지. 매화나무 한 그루 곁에 둔 작고 따뜻한 한옥이다. 허난설헌의 이름은 허초희. 10살의 어린 소녀 '초희'가 마루에 앉아 시상을 떠올리는 모습이 절로 그려진다.

'남매의 집'은 대형버스가 줄지어 서 있는 '모자의 집' 오죽헌과는 다르게 고요한 느낌이라 굴곡 많았던 남매의 삶처럼 괜스레 쓸쓸해진다. 허난설헌의 시 「감우感遇」를 읊어본다.

"하늘거리는 창가의 난초 가지와 잎 그리도 향기롭더니, 가을바람 잎새에 한번 스치자 슬프게도 찬 서리에 다 시들었네. 빼어난 그 모습은 이울어져도 맑은 향기만은 끝내 죽지 않아……"

허난설헌의 결혼 후 삶은 그리 녹록지 못했다. 고지식한 남편과 글을 쓰는 것을 허용하지 않았던 시어머니. 자신을 위로하는 노래를 지어 속으로 삭혀 불렀을 그녀를 생각하면 마음이 차다. 오늘날 그녀의 집 앞 정원을 거니는 27세 아가씨들만이 꽃처럼 웃고 있을 뿐이다. 남매의 생가로 향하는 솔숲길은 포장된 길이 아닌 한 줄로 난 흙길이다. 그 길을 걸어 그녀와 그를 만나러 가자.

알고 가면 더 좋다

허난설헌(1563~1589년)은 조선 중기의 시인으로 여덟 살 때부터 시를 지었고 사후 중국에서 간행된 『난설헌집』은 섬세한 필치와 여인의 독특한 감상이 드러난다는 평을 들었다.

허균(1569~1618년)은 조선 중기 문인이자 정치가로 허난설헌의 다섯 살 아래 동생이다. 그가 쓴 『홍길동전』은 한글로 쓴 소설의 효시이며 한국 근대소설의 선구적 작품으로 평가받는다.

생가 앞에는 소담스런 정원이 꾸며져 있고 허균·허난설헌기념관도 있다. 이곳에서는 남매와 가족의 생애, 작품 등을 알 수 있다.

한옥 건물에 전통차체험관이 있다. 들어가 차 한 잔을 마시는 데 단돈 1000원. 다도 체험은 5000원이면 할 수 있다.

매년 4월에는 난설헌문화제가 10월에는 교산문화제가 허균·허난설헌기념관에서 열린다. 이 행사에서는 백일장과 시낭송회, 음악회 등이 열린다.

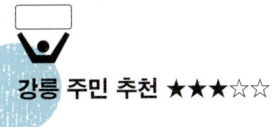

강릉 주민 추천 ★★★☆☆

"신사임당과 율곡이 우러러볼 수밖에 없는 어떤 완벽함의 상징이라면 허균과 허난설헌은 좀더 인간적인 냄새가 나고 괜히 마음을 더 주게 되는 남매예요. 이들의 생가에 오면 시 한 수 읊게 되는 여유를 가질 수 있어 좋아요."

- **주소** 강릉시 난설헌로193번길 1-16
- **입장시간** 9:00~18:00, 기념관과 전통차체험관은 매주 월요일 휴관
- **입장료** 없음
- **평균 소요시간** 1시간
- **문의** 033-640-4798

동해의 메카
경포해변

'동해' '강원도' 하면 첫손에 꼽히는 키워드는 단연 '경포대'일 것이다. "경포대 가자!" 하면 누구나 경포호 옆 누각 대신 경포해변을 떠올릴 정도로 경포대와 경포해변은 같은 의미가 된 지 오래다. 그래서인지 여름철 성수기면 동해에서 가장 '번화한' 해수욕장이 바로 경포해변이다. 전국 각지에서 젊은 혈기를 자랑하는 청년들이 단체로 피서를 오면 수많은 가게가 일시적으로 문을 연다. 1.8킬로미터의 긴 백사장에는 파라솔이 빽빽하게 들어서고 늦은 밤까지도 해변의 열기는 식는 법이 없다. 시끌벅적한 한여름밤의 분위기를 만끽하자면 동해에서 이만한 곳도 없을 것이다.

그러나 경포해변의 '진수'를 느끼기에는 여름보다 가을이나 겨울이 더 낫다. 끝없이 이어지는 백사장을 여유롭게 걷노라면 '바다가 보이는 사막'을 걷는 기분이고 해변을 곁에 두고 잘 빠진 해송 사이를 걷노라면 나도 모르게 숨이 깊어진다. 눈이 많이 오는 날이면 눈 쌓인 해송이 고개를 숙이고 거대한 눈터널을 만들어 전에 없던 아늑한 겨울길이 탄생한다. 백사장이나 해송길을 걷기에 불편한 차림이라면 그 중간쯤에 조성된 나무 데크길을 걸으면 그만이다. 경포해변에는 백사장 곳곳에 흔들의자가 설치되어 있어 가만히 앉아 바다를 감상하기에도 좋다. 밤이면 조명이 켜져 밤바다를 걷는 낭만도 느낄 수 있다. 경포바다는 그 누구의 바다도 아닌, 모래 위에 발을 딛고 수평선을 바라보는 당신의 것이다.

알고 가면 더 좋다

경포해변은 국내 해안 중 최대 해변으로 유명하며 1.8킬로미터의 하얀 모래밭과 4킬로미터가량 병풍처럼 이어진 해송길이 아름답다. 이 해송길을 따라 남쪽으로 강문해변과 송정해변을 거쳐 안목해변까지 걸어갈 수 있으며 1시간 20분 거리지만 여름에도 그늘이라 바닷바람을 쐬며 걷기에 부담 없다.

경포해변을 기준으로 북쪽으로 올라가면 순긋해변과 사천해변이 나온다. 이쪽으로 가려면 걷기보다 자전거를 타는 게 더 낫다. 자전거도로가 잘 조성되어 있고 한여름에는 그늘이 없어 덥기 때문이다.

해수욕장 개장은 보통 7월 중순에서 8월 말까지다. 이 기간에는 모터보트와 바나나보트 등을 이용할 수 있는데 코스와 시간에 따라 가격이 달라지며 보통 3만 원부터 시작한다.

성수기 때 경포해변 쪽의 숙박업소나 식당은 매우 붐비고 가격도 상향 조정되는 편이다. 붐비는 게 싫다면 조금 떨어진 해변 쪽으로 가보자. 순긋해변 쪽 해안가 민박을 추천한다. 그야말로 바다가 코앞이다.

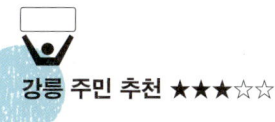

강릉 주민 추천 ★★★☆☆

"너무 상업화된 관광지라는 말도 있지만 성수기를 피해 온다면 정말 아름다운 해변이지요. 백사장을 따라 걷다보면 경포해변의 매력에 푹 빠지게 됩니다."

- **주소** 강릉시 창해로 514
- **입장시간** 없음
- **입장료** 없음
- **평균 소요시간** 머무르는 만큼
- **문의** 경포동주민센터 033-640-5129

커피와 바다가 있는 풍경
안목해변

1990년대의 안목해변을 추억하는 이들은 종이컵에서 전해오던 커피, 프림, 설탕이 조화를 이룬 '삼박자 커피'의 온기를 떠올린다. 10년 전만 하더라도 지금과 달리 작은 횟집들이 단출하게 모여 있었고 횟집마다 자판기가 서너 대씩 놓여 있었다. 회를 먹고 나온 손님들이 디저트로 자판기 커피를 마셨던 것인데, 꽤 인기가 좋았던 모양인지 총 자판기수만 100여 대에 이르렀다고 한다. 사람들은 안목해변에 오면 으레 자판기 커피 한 잔은 뽑아 마셨다. 바다의 운치를 즐기는 최상의 방법이었던 것이다. 이것이 바로 '길카페'라 불리던 강릉 커피거리의 시작이다. 그렇게 '안목=커피'라는 입소문이 퍼지면서 해변에는 하나둘 자판기의 업그레이드 버전, 카페들이 들어서기 시작했다. 최근 몇 년 사이에는 대형 프랜차이즈 커피숍까지 들어서면서 더욱 번화한 거리가 형성되었다. 이를 아쉬워하는 이들도 있지만 편안한 자리에서 삼박자 커피가 아닌 아메리카노를 마실 수 있음에 반가워하는 이들도 있다. 커피 덕분에 안목해변은 다양한 색깔을 지닌 매력적인 곳이 되었음은 분명하다. 바다와 마주한 거리에는 짠내와 커피향이 묘하게 섞여 있고 항과 맞물린 해변에는 떠나온 자들과 떠나려는 이들이 한데 모여 바다를 바라보고 있으니 말이다. 카페들은 대부분 테라스를 갖추고 있다. 커피와 함께 테라스에 앉아 바다와 낙조를 바라보는 시간. 강릉에서 가장 근사한 시간이다.

알고 가면 더 좋다

안목해변에 서서 강릉항 쪽을 바라보면 우뚝 솟은 하얀색 5층 건물이 보인다. 이곳에서 안목해변 전체를 내려다볼 수 있다. 요트 마리나가 바로 옆에 있어 풍경도 이국적이다.

안목해변에서 남쪽으로(경포대 반대 방향) 10분 정도 걸어가면 남항진해변이 나온다. 조용하게 산책하기 좋은 바닷가로 해변과 해변을 잇는 솔바람다리를 건널 수 있다. 다리에 가기 전 와이어로 바다를 건너는 익스트림 스포츠인 아라나비가 있다.

안목해변과 맞닿아 있는 강릉항에는 울릉도로 출항하는 배편이 있다. 울릉도까지는 2시간 40분 정도 소요되며 12월부터 2월까지는 운행하지 않는다. 날씨에 따라 출항 여부가 결정된다. 편도요금은 5만 원 정도.(예약 및 문의 http://seaspovill.com)

매년 10월이면 강릉 전역에서 커피축제가 열리는데 특히 안목해변 카페 대부분이 참여한다. 카페마다 다양한 상품을 내놓고 시음행사, 핸드드립 체험 등을 진행한다. 강릉커피축제 홈페이지(www.coffeefestival.net)에 일정과 커피지도가 있다.

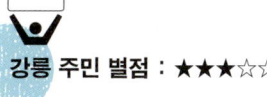
강릉 주민 별점 : ★★★☆☆

"같은 커피라도 안목해변에서 마시는 커피는 다른 맛이에요. 프랜차이즈 카페도 나쁘지 않지만 개인이 운영하는 카페의 원두가 더 신선하고 내부 분위기도 좋다는 걸 참고하세요."

- **주소** 강릉시 창해로14번길 20-1
- **입장시간** 없음
- **입장료** 없음
- **평균 소요시간** 머무르는 만큼
- **문의** 송정동주민센터 033-640-4616

| 여기도 한번 가보세요 |

아름다운 야경을 연출하는

강문해변

경포해변에서 백사장이나 해송길을 따라 15분 정도만 걸어가면 해변과 해변을 연결하는 아치 형태의 큰 다리가 하나 보인다. 길이 89.15미터, 폭 4.1미터의 인도교 '솟대다리'다. 푸른 바다 위에 하얗게 뻗은 다리도 예쁘지만 다리 위에 올라 바라보는 바다의 풍경도 아름답다.

해가 저물면 솟대다리는 시간에 따라 조명색을 달리하면서 더욱 화려한 모습을 자랑한다. 경포해변 주변 야경지로 보통 경포호를 꼽지만 환하게 불이 켜진 솟대다리와 강문해변도 뒤지지 않는다. 강문해변에도 해변을 따라 카페들이 많아 카페에서 여유롭게 바다와 다리를 바라볼 수 있다.

본래 솟대는 액을 막기 위해 마을 입구에 세우는 긴 장대로 그 끝에 나무로 깎아 만든 물오리 세 마리를 앉힌 것을 말한다. 이 솟대를 강릉에서는 진또배기라고 부르는데, 마을의 재해를 막고 풍요를 기원하는 강릉진또배기제는 1년에 세 번 열린다. 시내에서 해변으로 진입하는 길 양쪽으로 잘 다듬어진 솟대 수십 개가 줄지어 있는데 해 질 녘에는 이색적인 풍경을 자아낸다.

- **위치** 강릉시 창해로 350번길
- **문의** 초당동주민센터 033-640-4615

| 여기도 한번 가보세요 |

아늑하고 고요한
사천진해변

강릉 해변 중에는 경포해변이나 안목해변처럼 유명한 곳도 있지만 덜 알려져서 더 좋은 바닷가도 많다. 혼자 바다를 보러왔다면, 혹은 연인끼리 조용한 바닷가를 거닐고 싶다면 사천진해변을 추천하고 싶다. 사천진해변은 피서철에도 상대적으로 사람이 적게 몰리며 해안선이 초승달처럼 구부러져 아늑하게 느껴진다. 그러면서도 작은 카페들과 횟집들이 얌전하게 자리하고 있어 절대 황량하지는 않은 바닷가다.

얕은 수심 때문에 유난히 물이 더 깨끗해 보인다. 해변 끝에 거대한 알 모양의 바위는 '교문암蛟門岩'으로 늙은 교룡이 바위를 깨뜨리고 승천해 바위가 두 쪽으로 쪼개졌다는 전설이 담겨 있다. 사천진해변에서 하평해변 방향으로 해다리(물개)바위도 눈에 띈다. 오래전 물개들이 많이 서식해 붙여진 이름이다. 해다리바위와 해변 사이에는 작은 다리가 있고 그 아래로 바위가 둘러져 마치 작은 수영장 같다. 한여름이면 아이들이 계곡에 온 듯 유유히 물놀이를 즐긴다.

돗자리와 파라솔 하나만 있으면 바닷가 독서를 하기도 좋고 고요하게 일광욕을 즐기기에도 괜찮은 해변이다. 이쪽에 자리 잡은 카페들은 인기 해변에 자리한 카페들보다 더 개성 있고 아기자기하다. 자그마한 항구인 사천진항과 하평해변을 이웃하고 있다.

- **위치** 강릉시 사천면 진리해변길 99
- **문의** 사천면사무소 033-640-4606

 무엇을 먹을까

초당두부마을

허난설헌과 허균 남매의 아버지인 허엽의 호를 따서 초당이라고 이름 붙인 이 마을은 1980년대부터 두부마을로 이름을 알리기 시작했다. 현재는 17개의 초당두부 음식점들이 늘어서 있는데 이 중에는 2대, 3대에 걸쳐 가업을 이어가는 음식점들이 꽤 있다. 초당두부는 백태라 불리는 노란색 콩을 재료로 바닷물을 이용해 만든다. 바닷물의 농도나 양에 따라 맛이 조금씩 달라서 집마다 조금씩 두부 맛에 차이가 있다. 초당두부를 제대로 맛보려면 아침 일찍 가는 게 좋다. 보통 새벽에 콩을 갈아 아침 7시면 두부가 완성되기 때문에 갓 만든 두부를 맛볼 수 있다.

- **가는 길** 허균·허난설헌기념공원에서 도보로 약 10분
- **주소** 강릉시 초당순두부길
- **문의** 강릉시 문화관광과 033-640-5420

초당두부마을 추천 맛집

토담순두부

오래된 한옥의 분위기가 예스럽고 정겨운 식당이다. 초당두부와 두부전골이 대표 메뉴. 뜨거운 순두부에 고추장아찌를 올려 먹으면 맛있다.

- **가는 길** 초당두부마을에서 따로 떨어져 허균·허난설헌기념공원 앞
- **주소** 강릉시 난설헌로193번길 1-19
- **문의** 033-652-0336
- **휴일** 첫째주 월요일

고분옥할머니순두부

여든이 넘은 고분옥 할머니가 매일 두부를 만든다. 3대째 이어온 식당으로 들기름에 묵은지를 볶은 후 두부를 넣어 끓여낸 두부전골이 맛있다.

- **가는 길** 초당두부마을 끝쪽(바닷가 방면) 대로에서 안쪽으로 살짝 들어간 곳에 위치
- **주소** 강릉시 초당순두부길77번길 16
- **문의** 033-652-1897 • **휴일** 연중무휴

동화가든

초당두부거리에 짬뽕순두부를 유행시킨 원조집이다. 얼큰한 짬뽕 국물에 순두부를 넣었다. 교동짬뽕 국물과 매우 흡사한 맛.

- **가는 길** 바닷가 방면에서 초당두부마을 초입 오른쪽
- **주소** 강릉시 초당순두부길77번길 15
- **문의** 033-652-9885 • **휴일** 명절 당일

농촌순두부차현희청국장

허영만의 만화 『식객』 두부 편에 소개되어 명성을 얻은 곳으로 낙지를 넣은 두부전골이 유명하다. 냄새가 없는 청국장도 인기 메뉴.

- **가는 길** 바닷가 방면에서 초당두부마을 초입에 본관과 별관이 위치
- **주소** 강릉시 초당순두부길 108
- **문의** 033-653-0811 • **휴일** 본관 매주 월요일, 별관 매주 화요일

무엇을 먹을까

민속옹심이&막국수

감자옹심이가 맛있는 집이다. 다른 집에 비해 국물이 걸쭉하고 옹심이 덩어리가 제법 큰 편이다. 수육 몇 조각이 곁들여져 나오고 김치가 맛있다.

- **가는 길** 오죽헌 정문에서 담장길 쭉 따라가면 위촌천 건너 논밭 사이
- **주소** 강릉시 죽헌길44번길 27
- **문의** 033-644-5328
- **휴일** 매주 월요일만 4시에 마감

카페폴앤메리

모차렐라 치즈가 패티를 모두 덮을 정도로 흘러내리는 수제버거가 유명한 집이다. 바닷가에서 해산물이 아닌 수제버거를 맛보는 것이 이색적이다. 빈티지한 실내 인테리어도 돋보인다.

- **가는 길** 강문해변 솟대다리 건너 모퉁이, 초록색 차양이 있는 집
- **주소** 강릉시 창해로350번길 33
- **문의** 033-653-2354
- **휴일** 매주 월요일

옛태광식당

감칠맛 나고 구수한 우럭미역국이 괜찮다. 우럭을 넣고 우려낸 국물이 진하고 간간이 우럭살이 씹힌다. 함께 나오는 반찬도 맛깔스럽다.

- **가는 길** 강문해변 솟대다리 건너 카페폴앤메리 옆
- **주소** 강릉시 창해로350번길 35
- **문의** 033-653-9612
- **휴일** 연중무휴

서지초가뜰

모내깃날 일꾼들을 배불리 먹이기 위해 여인들이 마련했던 못밥을 먹어볼 수 있는 집이다. 종가음식점으로 상차림이 정갈하고 각종 나물과 떡이 삼삼하다. 한류스타 배용준이 다녀간 후 손님이 크게 늘었다.

- **가는 길** 선교장을 지나 경포대 방향으로 좌회전하기 직전 마을길을 따라 1킬로미터 들어가 위치
- **주소** 강릉시 난곡길76번길 43-9
- **문의** 033-646-4430
- **휴일** 명절연휴

무엇을 먹을까

사천물회전문

전복, 해삼, 멍게, 가자미 등 신선한 회가 듬뿍 들어 있는 스페셜물회가 괜찮은 식당. 새콤한 국물과 각종 회의 궁합이 좋다. 함께 나오는 가리비젓갈이 입맛을 돋운다.

- **가는 길** 사천진리 버스정류장 맞은편
- **주소** 강릉시 사천면 목재길 22
- **문의** 033-644-0077
- **휴일** 넷째주 월요일

장안횟집

사천항 일대 물회 거리에서 가장 유명한 집이다. 가자미물회, 오징어물회가 대표 메뉴로 잡히는 시기에 따라 판매가 되지 않기도 한다. 함께 나오는 미역국이 진하고 가자미식해와 옥수수범벅 등의 반찬이 독특하다.

- **가는 길** 사천진항에 위치
- **주소** 강릉시 사천면 진리항구길 51
- **문의** 033-644-1136
- **휴일** 매주 월요일

강문어화횟집

강릉 최대 규모의 횟집으로 30년 이상의 전통을 지녔다. 입찰을 통해 생선을 들여와 비교적 저렴한 가격으로 자연산 회를 맛볼 수 있고 식당이 바닷가 옆에 위치해 경치가 좋다.

- **가는 길** 강문해변 남쪽 끝
- **주소** 강릉시 창해로348
- **문의** 033-653-0025
- **휴일** 연중무휴

솔향횟집

안목해변에 자리 잡은 깔끔한 횟집이다. 회가 살짝 도톰하게 썰려 나와 씹는 맛이 좋다. 밑반찬도 다양하고 맛있는 편이다. 해변에 위치해 바다를 보며 음식을 먹을 수 있으며 인테리어가 깔끔해 오랫동안 식사하기에 부담이 없다.

- **가는 길** 안목해변 해맞이공원 맞은편
- **주소** 강릉시 창해로14번길 10
- **문의** 033-652-0030
- **휴일** 연중무휴

어디서 쉴까

산토리니

흰색 외벽에 파란 지붕으로 그리스풍의 외관이 돋보이는 3층 규모의 큰 카페다. 안목해변에 자리 잡은 '1세대 카페'로 커피에 대한 주인장의 자부심이 남다른 곳이다. 매우 다양한 종류의 원두가 준비되어 있어 취향에 따라 선택할 수 있는 폭이 넓다. 이곳에서는 핸드드립 커피를 꼭 마셔보자. 조각 케이크와 아이스크림 등의 디저트도 다채롭다.

- **가는 길** 안목해변에서 강릉항 방면
- **주소** 강릉시 경강로 2667
- **문의** 033-653-0931
- **휴일** 연중무휴

엘빈

안목해변 일대에서 케이크가 맛있기로 유명한 카페. 매일 직접 케이크를 만들어 내놓는데 딸기치즈케이크와 크레이프케이크가 특히 괜찮다.

- **가는 길** 안목해변 커피거리 중간에 위치
- **주소** 강릉시 창해로14번길 34-1
- **문의** 033-652-2100
- **휴일** 연중무휴

유디트의 정원

10년째 한국에 정착해 살고 있는 독일인 유디트 씨가 운영하는 카페. 커피와 쿠헨, 브런치 등 디저트류 모두 독일식이다. 카페 외관 또한 독일집 스타일을 그대로 살렸다. 내부 인테리어는 물론 다기와 접시 모두 독일에서 공수해와 이국적인 분위기가 물씬 느껴진다.

- **가는 길** 경포대 입구에서 마을길 따라 약 300미터 들어가 위치
- **주소** 강릉시 저동길 134
- **문의** 033-646-9757
- **휴일** 매주 월요일, 화요일 및 공휴일

어디서 쉴까

- **가는 길** 오죽헌 입구를 등지고 오른쪽
- **주소** 강릉시 죽헌길 140
- **문의** 070-8822-3100
- **휴일** 연중무휴

강릉마카커피

오죽헌 바로 옆에 위치한 테라스가 예쁜 카페. 커피값이 저렴한 편으로 잠시 쉬어가기에 좋다. 이곳에서 개발해 판매하는 사임당빵도 별미. 블루베리, 곤드레, 개두릅 등을 넣어 빵을 반죽해 색도 곱고 맛도 좋다. 앙금은 팥소를 사용했다.

쉘리스커피

찻잔과 커피 관련 소품들이 돋보이는 카페. 예쁘고 독특한 찻잔이 많아서 일부러 이곳을 방문하는 이들이 있을 정도. 카페 내부는 유럽 스타일이며 여성스러운 분위기를 풍긴다. 핸드드립커피를 추천한다.

- **가는 길** 사천진해변에서 하평해변으로 향하는 대로변 모퉁이
- **주소** 강릉시 사천면 진리해변길 95
- **문의** 033-644-2355
- **휴일** 연중무휴

카페카모메

자매가 운영하는 해변가 카페. 귀여운 소품들과 아기자기한 인테리어가 마치 서울 홍대 인근에 있는 팬시한 카페에 들어온 듯하지만 창밖 풍경은 비할 바 없이 근사하다. 여름에는 상큼한 모히토가 맛있다. 여유롭게 바다를 바라보며 시간을 보내기 좋은 곳.

- **가는 길** 사천진해변에서 하평해변 방면 대로변
- **주소** 강릉시 사천면 진리해변길 115
- **문의** 033-643-8252
- **휴일** 매주 월요일

어디서 잘까

라카이샌드파인리조트

경포해변과 가장 인접한 리조트로 10층짜리 콘도 5개동과 리셉션동, 컨벤션동, 야외 테마가든으로 구성되어 있다. 야외 수영장, 산책로, 피트니스센터 등을 부대시설로 갖추었다. 해변과 호수를 모두 조망할 수 있는 개방적인 설계와 쾌적하고 독립적인 객실을 자랑하며 5가지 객실 타입 중 선택할 수 있는 숙박시설이다.

- **가는 길** 경포해변 바로 뒤편
- **주소** 강릉시 해안로 536
- **예약 및 문의** 1644-3001, www.lakaisandpine.co.kr

경포비치호텔

한국관광공사의 호텔 체인 베니키아에 가맹된 숙박업소다. 비즈니스 호텔급의 합리적인 가격에 편리하고 깔끔한 시설로 부담 없이 묵기에 적합하다. 일부 객실에서는 동해와 경포호를 모두 볼 수 있다. 카페와 칵테일바, 양식당, 한식당 등의 시설을 갖추고 있다.

- **가는 길** 경포해변에서 송정해변 방면(초당순두부마을) 대로변 왼쪽
- **주소** 강릉시 해안로406번길 17
- **예약 및 문의** 033-643-6699, www.gyungpobeach.com

어디서 잘까

감자려인숙이

단층의 작은 주택을 개조해 만든 게스트하우스. 노란색 외벽에 빈티지한 히피풍의 내부 인테리어가 돋보이는 집으로 배낭여행자들의 아지트다. 매일 밤 소박한 부엌에서 음식도 해먹고 테이블에 둘러앉아 이야기를 나누는 정감 어린 숙박업소다. 트윈룸과 남녀공용의 6인실, 여성전용의 4인실을 갖추었다. 걸어서 3분만 가면 바다가 보인다. 조식으로 식빵과 계란을 제공한다.

- **가는 길** 강문해변에서 가장 눈에 띄는 건물인 강문어화횟집 뒤편
- **주소** 강릉시 창해로 351-2
- **예약 및 문의** 033-653-2205, cafe.naver.com/gamjzas

강릉게스트하우스 커피거리점

리히텐슈타인의 그림이 외벽 가득 프린트된 개성 있는 게스트하우스로 외관만큼이나 내부도 카페처럼 꾸몄다. 샴푸와 린스, 바디폼이 준비된 샤워실과 고데기와 세면기가 갖춰진 파우더룸, 카페로 사용되는 로비까지 있어 여행자의 편의를 돕는다. 조식으로 와플이 제공된다.

- **가는 길** 안목해변에 있는 강릉항 맞은편
- **주소** 강릉시 경강로 2670
- **예약 및 문의** 010-2987-6248, blog.naver.com/coffeemarina

선교장 한옥 스테이

선교장 내 한옥에서는 숙박이 가능하다. 4명이 들어갈 수 있는 행랑채(1박 5만 원)부터 주방까지 딸린 6명 정원의 초가집(1박 15만 원), 40명이 머물 수 있는 단체실인 체험관(1박 100만 원)까지 인원과 시설에 따라 다양한 방이 마련되어 있다. 선교장에 들른 과객이 되어 한옥을 온전히 체험해보자.

- **가는 길** 7번 국도에서 오른쪽 경포대 방향으로 가는 길에 위치
- **주소** 강릉시 운정길 63
- **예약 및 문의** 033-646-3270, www.knsgj.net

어디서 잘까

사천해변게스트하우스

이름은 사천해변게스트하우스지만 정확히는 사천진해변에 있다. 건물 2층에 자리 잡은 여성 전용 게스트하우스로 1층에는 카페, 3층에는 칠보공방이 있다. 객실에서 바다는 보이지 않지만 입구에서 다섯 걸음만 떼면 바로 해변이다.

- **가는 길** 사천진리해안공원 맞은편
- **주소** 강릉시 사천면 진리해변길 69
- **예약 및 문의** 011-363-0244

어린왕자게스트하우스

여관을 리모델링한 게스트하우스. 객실마다 화장실은 있지만 샤워는 공동욕실을 이용해야 한다. 그러나 바다가 가깝고 자전거도 대여해줘 손님은 늘 많은 편이다. 가까운 곳에 있는 솔게스트하우스와 '연합'해 여행자들 간의 흥겨운 파티가 열린다.

- **가는 길** 라카이샌드파인리조트 정문 맞은편 대로 직진, 토마토모텔 뒤편
- **주소** 강릉시 해안로535번길 21
- **예약 및 문의** 033-644-2266, blog.naver.com/choisykn

솔게스트하우스

주점이었던 곳을 게스트하우스로 개조해 독특한 분위기가 남아있다. 여전히 로비에서는 생맥주를 즐길 수 있다. 방마다 화장실이 있어 편리하고 도보로 3분 거리에 경포해변이 맞닿아 있다. 자전거대여가 가능하다.

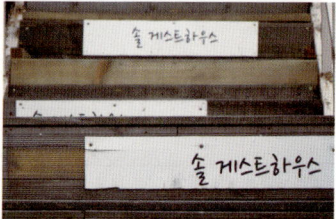

- **가는 길** 경포대우체국 등지고 왼쪽 편의점 2층
- **주소** 강릉시 해안로 513
- **예약 및 문의** 010-3395-1938, www.solguesthouse.co.kr

| 강릉 바다 짜릿하게 즐기기 |

아라나비

와이어에 몸을 의지한 채 무동력으로 바다를 건너는 익스트림 스포츠. 남항진해변과 강릉항 사이에 있다. 사계절 언제나 하늘을 나는 체험을 할 수 있다. 왕복 560미터이고, 편도만 선택하는 것도 가능하다.

- 주소 강릉시 공항길127번길 35-7
- 문의 033-653-7002
- 휴일 매주 월요일

요트 체험

강릉항과 사천진항에는 요트장이 있어 개별적인 요트 체험이 가능하다. 강릉항에서는 할리스커피점이 위치한 요트마리나 사무실에서, 사천진항에는 사천진면사무소(사천진항 어촌계)에 문의해 날씨와 인원에 따라 세일링을 할 수 있다. 강릉게스트하우스 커피거리점 등 일부 숙박업소에서는 숙박객들을 모아 저렴한 가격에 요트 체험을 연계해주기도 한다.

- **주소** 강원 강릉시 창해로14번길 51-20, 강릉시 사천면 진리항구길
- **문의** 강릉항 요트마리나 070-8816-6543, 사천면사무소 033-640-4606

스쿠버다이빙

스쿠버다이빙 포인트가 있는 사천진항 쪽에서 체험할 수 있다. 크게 전문가 코스와 일반인 체험 코스로 나뉜다. 체험다이빙은 체험인 한 명당 두 명의 전문 다이버가 가이드를 한다. 보트를 타고 바다로 나가 아름다운 산호와 물고기 떼가 출몰하는 스쿠버다이빙 포인트로 내려간 후 약 40분간 바다를 만끽한다. 체험다이빙의 가격은 10만 원 선.

- **주소** 강릉시 사천면 사천진리 해변길 68-14
- **문의** 바하마다이브리조트 033-645-1472

번지점프

경포해변에서는 해수욕장 개장 시기에 맞춰 45미터 높이의 번지점프대를 한시적으로 운영한다. 몸 전체를 묶고 뛰어내리는 바디점프와 발목만 묶어 스릴감을 더하는 앵클점프 중 선택할 수 있다. 가격은 3만5000원에서 4만 원 선.

● **주소** 강릉시 창해로 514
● **문의** 경포동주민센터 033-640-5129

02 시내권

강릉의 숨겨진 아지트

숨겨진 아지트를 찾는 길

강릉향교 · · · 걸어서 15분 · · · 강릉시립미술관 · · · 걸어서 15분 · · · 강릉임영관 관아 · · · 걸어서 20분

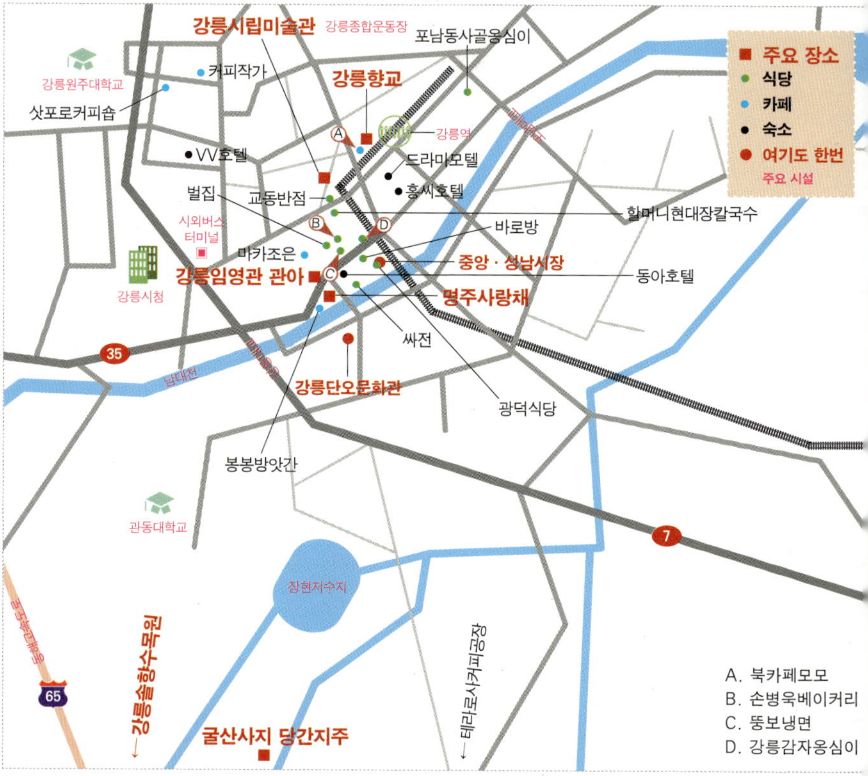

A. 북카페모모
B. 손병욱베이커리
C. 뚱보냉면
D. 강릉감자옹심이

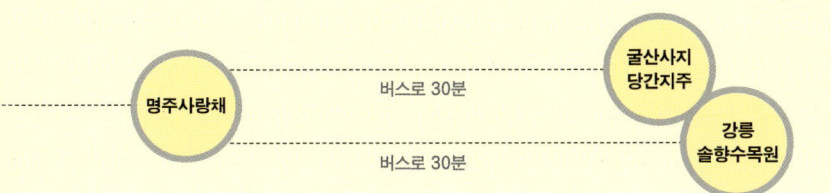

걷기 난이도 ★☆☆☆☆

전혀 힘들지 않다.

언제 가면 좋을까

가을이 좋다. 강릉향교나 강릉임영관 관아 등에 커다란 은행나무들이 있어 은행잎이 노랗게 물든다. 굴산사지 당간지주는 논 가운데 있어서 추수하기 전 초가을의 풍경이 아름답다. 단 강릉솔향수목원은 꽃이 많은 여름을 추천한다.

본격적인 여행에 앞서

1. 강릉향교부터 명주사랑채까지는 걸어갈 만한 거리이지만 자전거를 타도 좋다. 자전거는 강릉역 앞 코렉스 강릉대리점에서 하루 8000원 정도로 대여할 수 있다.

2. 다른 코스보다 쉽고 다양하게 식사와 간식을 즐길 수 있다. 중앙시장이 시내 중심에 있고 장칼국수, 감자옹심이 등 강릉 대표 토속음식점도 많으니 시장 구경, 카페 구경을 하며 바다와 산에 가려졌던 강릉의 진면목을 느껴보자.

3. 굴산사지 당간지주와 강릉솔향수목원은 시내에서 버스를 타고 가야 한다. 굴산사지 당간지주는 신영극장 제1승강장에서 1시간 간격으로 오는 102번, 103번 학산행 버스를 타면 된다. 강릉솔향수목원은 교보생명이나 하나대투증권 앞 정류장에서 1시간 간격으로 오는 104번, 104-1번, 104-2번 버스를 타면 된다.

4. 신영극장 앞은 대부분의 시내버스가 지나는 중심 정류장이다. 길을 찾을 때도 신영극장이 기준이 되니 1박 이상의 대중교통 여행자라면 신영극장을 알아두자.

이것만은 꼭

★ **강릉 시내를 내려다보자.** 강릉시립미술관이나 강릉향교 쪽은 지대가 높아서 시내가 한눈에 들어온다. 동시에 강릉을 감싸고 있는 오대산과 대관령의 산세가 수려하게 펼쳐지고 풍력발전기가 평화롭게 돌아가는 모습 또한 잘 보인다. 강릉솔향수목원 전망대에서도 너른 강릉 시내 전체를 조망할 수 있다.

★ **오래된 건물을 찾아보자.** 강릉임영관 관아와 명주사랑채가 자리한 곳은 강릉 구시가지다. 현재는 점점 사라지고 있지만 50년 이상 된 건물들이 꽤 있다. 이 일대를 걷다보면 일부러 찾지 않아도 오래되어 남다른 정취를 내뿜는 건물들이 눈에 띈다. 소도시에서 접할 수 있는 흥미로운 체험이다.

★ **시장을 구경하자.** 강릉의 중심시장인 중앙·성남시장은 규모가 클 뿐 아니라 바다와 산, 논과 밭에서 수확되는 갖가지 식재료와 음식 들이 포진되어 있다. 군것질거리도 많고 볼거리도 많으니 꼭 한번 들러보자. 시내에 위치한 또 다른 재래시장인 서부시장은 중앙·성남시장보다 규모가 훨씬 작다.

★ **감자옹심이나 장칼국수를 먹어보자.** 그 지방에서만 먹을 수 있는 토속음식을 맛보는 건 여행의 진정한 즐거움이다. 강릉 '대표 메뉴'는 누가 뭐래도 감자옹심이다. 진한 육수와 함께 끓여내는 쫀득쫀득한 감자옹심이를 먹어보자. 고추장을 풀어 만드는 얼큰한 장칼국수 또한 강릉을 대표한다.

★ **날씨가 좋지 않을 때는 신영극장에서 예술영화를!** 강릉 시내 중심에 위치한 신영극장은 강원도에서 유일한 민간 독립예술영화 전용관이다. 서울로 치면 씨네큐브, 인디스페이스와 비슷한 곳이라고 볼 수 있다. 강릉은 많은 영화인이 사랑하는 도시이기도 해서 정동진독립영화제 등의 영화 축제가 열리기도 하고 영화 촬영도 잦다. 혹 비가 오거나 날이 궂어 오가기 어려울 때는 신영극장에서 독립예술영화를 감상하는 것도 좋은 대안이 된다.

우리나라 최대 규모의 향교

강릉향교

향교에 들어서자마자 마주한 풍경은 한복을 곱게 차려입은 새색시와 새신랑의 전통혼례식이다. 조선시대의 교육기관이 현대의 학교 안에 위치한 것도 흥미롭지만 그 안에서 전통혼례를 올리는 풍경도 무척 인상적이다. 향교 관리인은 전통혼례식이 드문 행사가 아님을 강조한다. 주말은 늘 예약이 꽉 차 있을 정도로 향교에서 혼인서약을 하는 커플이 늘고 있다는 것이다. 그저 '상징'적인 장소로만 기억될 뿐 일반인의 출입이 뜸한 다른 향교에 견주면 굉장히 활성화된 향교라고 할 수 있다. 이는 곧 강릉향교가 전통혼례식을 치를 만큼 넓고 아름다운 공간이라는 말이기도 하다.

강릉향교는 고려 후기에 창건된 한국 최대 규모의 향교다. 강학 공간과 제향 공간으로 이루어진 향교는 마치 눈에 보이지 않는 '파티션'이라도 있는 것처럼 각 공간이 독립적이고 아늑한 분위기를 풍긴다. 과연 이런 곳이라면 공부가 잘될 것 같은 기분이다. 마침 향교는 명륜고등학교 내에 자리한다. 향교에 들어가려면 교문을 거쳐 운동장을 지나야 한다. 아련하게 떠오르는 고등학교에 관한 추억을 곱씹으며 향교를 둘러봐도 좋겠다.

공을 차는 학생들의 모습과 창문 너머로 들리는 선생님의 목소리, 운동장 가의 플라타너스와 은행나무. 어느덧 나는 오래전 학생의 모습이 된다. 유생의 도포와 학생의 교복이 나란히 교차되는 지점이 바로 강릉향교다.

알고 가면 더 좋다

평일에도 문이 잠겨 있을 때가 종종 있으니 전화로 예약하고 가는 게 좋다. 또 그냥 둘러보지 말고 관리사무실로 가 향교 관리자나 문화재 지킴이에게 해설을 요청해보자.

강릉향교는 배흘림(기둥의 중간 부분의 배가 약간 부르도록 한 건축양식) 형식, 주심포(기둥머리 위에 짜놓은 처마 끝을 받치는 나무쪽) 양식, 쇠서(전각의 기둥 위에 덧붙이는 소의 혀처럼 생긴 장식) 등을 통해 고려 후기와 조선 초기의 건축 양식을 접할 수 있는 곳이다.

일각문(정문)을 들어서서 바로 보이는 건물이 강학 공간인 명륜당이며 명륜당을 지나 양쪽으로 자리한 두 건물은 동재와 서재다. 1909년에는 이곳에 초중고 6개교가 문을 열어 근대교육이 시작되었다.

향교 정면에 우주선처럼 보이는 건물은 명륜고등학교 황영조체육관이다. 마라톤선수 황영조가 이 학교 졸업생이다.

강학 공간의 중심인 명륜당은 44칸이나 되는 누각형식의 맞배지붕(추녀 없이 용마루에서 맞닿는 지붕) 건물이다. 이 건물의 규모만으로도 영동지방의 중심 교육기관이었음을 짐작할 수 있다.

제향 공간의 중심인 대성전은 공자를 비롯한 4성현과 10철, 6현의 위패를 모신 곳이다. 단아하고 절제된 향교 건축의 전형을 보여주는 건물이다.

강릉 주민 추천 ★★★☆☆

"예로부터 학자도 정치가도 많이 배출된 지역인 만큼 과거 강릉향교의 위상은 매우 높았지요. 그 분위기를 향교에서 느껴볼 수 있을 겁니다."

- **주소** 강릉시 명륜로 29
- **입장시간** 10:00~17:00
- **입장료** 없음
- **평균 소요시간** 1시간
- **문의** 033-648-3667

기분 좋은 동네 미술관
강릉시립미술관

철길을 건너 좁은 골목길을 지나 야트막한 언덕으로 올라가면 자그마한 미술관이 하나 나타난다. 미술관은 언덕 아래 강릉 시내를 내려다보고 있다. 위압적이거나 도도한 자세가 아니라 따뜻하고 차분한 모습이다. 날씨가 좋은 날에는 하늘도 가깝고 미술관 아래 지붕들도 유난히 정겨워 보인다. 이곳은 어쩌면 미술관에 전시된 작품보다 미술관을 가는 길과 미술관이라는 공간 그 자체의 분위기가 더 매력적일지도 모른다.

작은 정원과 조각상들을 품고 있는 이곳은 강릉시립미술관이다. 얼핏 아담해 보이지만 강릉을 대표하는 미술관인 만큼 1층과 2층으로 이루어져 총 다섯 개의 전시실을 갖췄다. 전시는 주기적으로 바뀌는데 강릉에 살고 있는 아마추어 작가들의 전시도 많이 열린다. 시민에게 개방된 미술관이라는 모토로 하루 1만3000원 정도밖에 되지 않는 저렴한 대관료를 받고 작품 전시를 돕기 때문이다. 그래서인지 미술관에 전시되는 작품과 관객의 소통도 부담스럽지 않게 진행된다. 작가들이 직접 자신의 작품을 설명해주기도 해 관객들도 작품에 대한 감상을 어려워하지 않는다. 미술관 전시를 모두 둘러본 후에도 쉽사리 미술관을 떠날 수가 없다. 미술관 앞 벤치에 앉아 쉬어가는 시간이 참으로 평온하기 때문이다. 발아래로 옥상의 빨래들이 고요하게 바람에 펄럭인다. 이제 마음을 햇볕 아래 널 차례다.

알고 가면 더 좋다

미술관 일대에는 구석구석 작은 카페와 문방구, 구멍가게들이 있다. 근처에 학교가 많아 골목으로 살짝 들어가면 학창시절 추억을 떠올리며 걸을 수 있는 길이 여러 갈래로 뻗어 있다.

미술관 뒤편에는 작은 쉼터가 있다. 동네 공원처럼 아담한 느낌으로 알록달록한 벽화가 그려진 담장이 둘러져 있고 울창한 나무들 사이로 벤치가 놓여 있다.

강릉시립미술관으로 들어가는 오르막길 초입에는 갤러리 카페 '교동 899'가 있다. 한옥을 개조해 꾸민 카페로 각종 미술품과 아기자기한 소품이 눈을 즐겁게 한다. 미술관 관람 후 이곳에서 커피 한잔 마시는 여유를 갖는 것도 좋다.

10월에 열리는 강릉커피축제에서는 강릉시립미술관도 하나의 무대가 된다. 커피와 관련된 기획전이 열리곤 하니 축제 때 강릉을 방문한다면 미술관도 들러보자.

미술관에서 걸어서 약 15분 거리에 강릉시에서 운영하는 행복한 모루도서관이 있다. 이곳에선 3500원에 백반을 먹을 수 있다.

강릉 주민 추천 ★★☆☆☆

"굳이 들러볼 만큼 빼어난 장소는 아니지만 소박하고 담백하니 오래 있어도 물리지 않는 곳이에요. 미술관을 포함한 주변 분위기도 작은 시골 읍내 느낌이 나고요."

- **주소** 강릉시 임영로 219-7
- **입장시간** 9:00~18:00, 매주 월요일과 설날 및 추석 휴관
- **입장료** 없음
- **평균 소요시간** 1시간
- **문의** 033-640-4271, www.gnmu.org

조선시대의 강릉시청

강릉임영관 관아

시내에서 단 한 곳만 들러야 한다면 그 한 곳이 바로 강릉임영관 관아다. 옛 관청에 무슨 볼거리가 있겠냐고 생각하면 큰 오산이다. 우선 관아를 방문하기 전 '나는 강릉으로 출장 온 최고위층 관리'라고 상상의 나래를 펼쳐보자. 관아의 중심건물인 동헌에는 강릉 지방의 지방관, 즉 사또가 있을 것이다. 사또를 만나 강릉 근황을 묻고 관청 건물인 칠사당에 가서 관리들이 일을 잘하나 못하나 둘러보자. 그다음 관아 내의 정자인 의운루에 오르면 사또가 환영주 한잔 건넬지도 모른다.

어느덧 날이 저물면 사또는 이제 숙소인 임영관으로 안내할 것이다. 이때 객사문인 '임영관 3문'을 지나게 되는데 사또는 고려시대 세련된 건축 특징을 잘 살린 국가 보물이라고 한바탕 자랑을 할 것이다. 이럴 때는 뒷짐을 지고 자세히 봐주는 게 예의다. 웅장한 외관을 자랑하는 임영관에 들어서면 고을 아전 한 명이 나와서 "편안히 모시겠습니다!" 할 것이다. 임영관은 사신이나 고위 관리의 접대공간이자 임금을 상징하는 전패를 모신 가장 중요한 건물로 아전은 나를 서헌이나 동대청에서 묵게 할 것이다. 이런 상상조차 할 여유가 없다면 칠사당과 임영관3문만 제대로 보자. 적어도 강릉임영관 관아에 들어온 수고가 아깝지 않을 것이다. 특히 단청을 하지 않은 칠사당 건물은 기품이 느껴지고 은행잎이 노랗게 물든 가을날의 관아는 고색창연한 멋으로 손님을 반긴다.

알고 가면 더 좋다

강릉임영관 관아는 고려말 건립되어 조선 말기에 폐지된 강릉 대도호부(고려와 조선시대의 지방행정기관)가 있던 곳이다. 보통 관서, 관사, 관청으로도 불렸고 지방에 파견된 목민관(고을의 원이나 수령)이 집무를 보았다.

강릉임영관 관아는 고려 태조 19년(436년)에 건립되었으나 대부분 건물이 소실되어 임영관 3문과 칠사당만 남았다가 최근 임영관, 관아 아문, 동헌, 별당, 의운루 등을 복원했다. 전대청 문루에 걸린 현판 '임영관'은 1366년 공민왕이 직접 쓴 것으로 추정한다.

임영관3문은 국보 제51호로 객사문으로도 불리는데 강원도의 건축물 중 유일한 국보다. 정면 세 칸, 측면 두 칸의 주심포계 맞배지붕 건물로 화강석 기단 위에 덤벙주초(자연석을 그대로 사용해 기둥이 서는 자리가 평탄하지 않은 초석)를 놓고 전면과 배면 열에 배흘림 원기둥을 세웠다. 가운데 열에는 각기둥을 세워 문을 단 구조다. 배흘림기둥이 다른 건물에 비해 아름답고 그 형태가 뚜렷하다.

강릉임영관 관아 내에는 '강릉관아 작은 도서관'이 있다. 역사와 민속을 주제로 한 3천여 권의 책을 갖추었다.

강릉 주민 추천 ★★★★☆

"시내에 왔다면 꼭 들러야 하는 곳이지요. 서울에 경복궁이 있다면 강릉에는 강릉임영관 관아가 있는 셈입니다. 규모도 크고 국보인 건축물이 있는 역사적으로 매우 의미가 큰 장소입니다."

- **주소** 강릉시 경강로 2045
- **입장시간** 9:00~18:00
- **입장료** 없음
- **평균 소요시간** 1시간
- **문의** 033-640-5118

칠사당

누구나 바리스타가 되는 곳
명주사랑채

커피의 고장까지 와서 커피만 마시고 가기 아쉽다면 커피를 직접 내려보자. 강릉의 많은 카페에서 커피 체험을 하고 있지만 명주사랑채에서는 좀더 저렴한 가격에 커피 체험과 여유로운 휴식을 즐길 수 있다. 명주사랑채는 강릉시청에서 직접 운영하는 곳으로 북카페와 커피 체험 교실을 겸한, 누구에게나 열려 있는 사랑방이다. 명주사랑채라는 이름은 '명주동에서 손님을 맞이하면서 아담하게 정을 나누는 커뮤니티 공간'이라는 뜻을 담고 있다.

커피를 추출하는 가장 손쉬운 방법인 핸드드립부터 천에 내리는 전통방식인 융드립, 베트남 카페핀, 기압의 차이를 이용하는 사이폰, 가장 오래된 방식인 터키의 이브릭까지 체험할 수 있는 추출의 종류가 굉장히 다양하다. 커피 추출뿐 아니라 커피 양갱, 아이스 허브 커피 만들기 등 커피를 응용한 디저트나 음료를 만드는 체험도 있다. 체험을 통해 만든 커피는 예쁜 잔에 담아 천천히 음미할 수 있다. 일반 카페에서는 접하지 못한 여러 가지 커피 추출 도구를 구경하는 것도 큰 재미다.

2층은 북카페로 커피와 예술 분야 서적 520여 권이 벽면 가득 꽂혀 있어 자유롭게 열람할 수 있다. 채광이 좋은 2층에서 내가 내린 커피를 아껴 마시며 책을 읽다보면 반나절이 금세 지나간다. 특히 무더운 여름철 피서지로 제격이다. 이 모든 체험에 드는 돈은 3000원. 웬만한 카페에서는 커피 한 잔 값밖에 안 된다.

알고 가면 더 좋다

명주사랑채에서 사용하는 찻잔에는 모두 '강릉이 낳은 어머니' 신사임당의 〈초충도〉가 그려져 있다. 고급스러운 느낌을 주면서도 다른 지역에서 쉽게 볼 수 없는 찻잔이다. 이 찻잔은 오죽헌과 선교장에 있는 기념품 가게에서 구매할 수 있다.

명주사랑채 홈페이지(http://mjart.kr/coffee)에 들어가면 커피 체험 예약을 하거나 어떤 프로그램이 준비되어 있는지 미리 확인할 수 있다. 강릉 커피 소식을 전하는 커피 매거진 『커피별』 또한 접할 수 있다.

명주사랑채가 위치한 남문동, 명주동 일대는 독특한 분위기가 스며 있다. 굳이 비교하자면 서울 서촌의 느낌인데 50년 이상 된 낡은 집이 즐비하고 골목 사이사이로 갤러리 카페와 '작은공연장단', 교회 등이 자리 잡고 있다. 오래된 정취가 반갑게 느껴지는, 한 번쯤은 가볍게 돌아볼 만한 길이다. 강릉시는 최근 명주동 일대를 예술지구로 조성하기로 했는데, 옛것을 그냥 자연스레 두자는 의견과 분위기만 잘 살려 개발하면 관광객과 예술인들에게 좋을 것이라는 의견이 있다고 한다.

강릉 주민 추천 ★★★☆☆

"요새는 어딜 가나 카페가 많지만 쉽고 싸게 커피 체험을 할 수 있는 곳은 별로 없어요. 현재 커피의 도시로 명성을 얻고 있으니 강릉에서 커피 체험을 하는 것만큼 의미 있는 일도 없겠죠."

- **주소** 강릉시 경강로2046번길 11
- **입장시간** 9:00~18:00, 매주 월요일 휴무
- **입장료** 체험비 3000원
- **평균 소요시간** 1시간 30분
- **문의** 033-640-4808

기대고 싶은 하늘 기둥
굴산사지 당간지주

두 개의 기둥은 하늘을 받치듯 논 가운데 우뚝 서 있다. 과묵해 보이는 모습에 바라보는 이의 마음은 어쩐지 든든하다. 이렇게 거대한 당간지주는 또 없었다. 그래서 괜히 기대어보고 싶고 화강석의 거칠고 단단한 표면을 쓰다듬고 싶다. 사실 여행자로 강릉에 와서 굴산사지 당간지주까지 둘러보고 가려는 이는 많지 않다. 아니, 그 존재를 모르는 이들이 더 많다. 그러나 여유가 있다면, 그리고 요즘 부쩍 한숨이 늘었다면 꼭 한번 들러봄직한 곳이다.

당간지주가 서 있는 곳에 있던 사찰 굴산사는 세월에 허물어진 지 오래고 당연히 당(부처나 보살의 공덕을 나타내는 깃발)과 당을 거는 장대인 당간도 없다. 그저 세월의 무상함만 깃든 돌덩이만 남았을 뿐이다. 통일신라시대에 세워졌으니 천년 동안 하늘 아래서 있던 셈이다. 높이는 5.4미터. 성인 남성의 세 배쯤 되는 키다. 허허로운 들판에 서서 당간지주를 바라보면 마음이 고요해진다. 엉클어졌던 마음을 정결하게 빗어내는 기분이다. 추수 직전의 황금물결을 이루는 논과 푸르른 가을 하늘이 배경이 될 때는 차마 발길을 떼지 못하고 그림 보듯 바라만 보게 된다. 채움보다 비움이 아름다울 수 있다는 것을 비로소 깨닫게 해주는 곳이다.

우선은 당간지주를 보러 온 게 아닌 것처럼 마을을 한 바퀴 돌아보자. 그런 다음 돌기둥에 천천히 다가가자. 그리고 다시 일어나지 않을 것처럼 기둥 곁에 기대 마음의 짐을 조금씩 덜어내자.

알고 가면 더 좋다

굴산사지 당간지주가 위치한 학산 광명마을은 볼거리가 풍성한 마을이다. 도보 15분 거리에 카페를 겸하는 테라로사 커피공장이 있고 감나무와 밤나무 단지, 과수원 등 곳곳에 탐스러운 열매를 맺는 나무들이 빽빽하다.

강릉단오제의 신으로 모시는 범일국사가 태어난 곳이 이곳 학산이다. 범일은 진성여왕 3년(889년)에 강릉 굴산사에 입적했고 주지가 된 후 40여 년간 영동 지역에 선불교를 전파했다.

굴산사지 발굴터 맞은편에는 오독떼기전수관이 있다. 전수관 안내센터에서 '학산보물지도'를 얻으면 마을길을 더 재미있게 체험할 수 있다. 지도를 따라 마을 곳곳에 있는 사찰의 흔적을 찾아보자. 미륵불, 부도탑, 굴산사지 석천우물 등이 그것.

강릉학산오독떼기는 강원도 무형문화재로 신라시대부터 불려온 농요다. 모내기, 김매기, 벼베기, 가을 타작 등 농사의 모든 과정을 행위와 노래로 보여준다. 매년 봄과 가을에 마을 일대 논에서 농부들이 오독떼기를 부르는 진풍경을 볼 수 있다.

굴산사지 당간지주로 가기 위해서는 시외버스터미널이나 신영극장 앞에서 학산행 버스 101번 버스를 타면 된다. 1~2시간에 한 대꼴로 오기 때문에 시간을 잘 맞춰야 한다.

강릉 주민 추천 ★★★☆☆

"굴산사지 당간지주가 있는 학산 일대는 강릉의 숨겨진 보물 같은 곳이에요. 어차피 테라로사에 들르신다면 광명마을도 꼭 한번 둘러보고 가세요."

- **주소** 강릉시 구정면 학산리 1181
- **입장시간** 없음
- **입장료** 없음
- **평균 소요시간** 머무르는 만큼
- **문의** 033-647-9722

솔내음 가득한 치유의 숲

강릉솔향수목원

강릉을 여행하다보면 자주 마주치는 로고가 바로 'Pine City'이다. 강릉의 소나무는 타 지역에서는 흔히 볼 수 없는, 쭉쭉 뻗은 자태가 남다른 금강송이다. 동해를 바라보는 곳에 자생하는 금강송은 피톤치드를 많이 뿜는 데다 모습도 아름다워 나무들의 제왕으로 불리기도 한다.

강릉솔향수목원 진입로부터 바로 이 금강송이 빽빽하게 자리 잡고 있다. 그래서 인공적으로 정돈된 수목원으로 가는 느낌이 아니라 등산을 하러 국립공원에 들어가는 기분이다. 수목원 입구가 있는 골짜기도 사방에 소나무가 울타리처럼 둘러져 있고 그사이로 물이 흐르고 꽃이 자라고 있다. 사람의 손이 많이 타지 않았으면서도 누구나 쉽게 소나무의 숨을 마시고 야생화를 볼 수 있어 참 반갑다. 나비와 꿀벌이 유난히 눈에 많이 띈다. 곳곳에 '뱀 조심'이라는 팻말이 붙어 있어 조금 두렵기도 하지만 내심 다행이라는 생각도 든다. 그야말로 '있는 그대로의 자연'이구나 싶어서다. 철쭉원과 비비추원, 치유의 길을 지나 하늘정원에 오르니 참았던 숨이 탁 터지며 절로 감탄이 터진다. 멀찌감치 오밀조밀한 강릉 시내가 한눈에 들어오고 그 어느 곳보다 솔향이 폐부 깊이 들어온다. 다음에는 도시락을 준비해 소풍을 와야겠다고 다짐하게 된다. 수목원을 다 걷고 나면 짧은 시간 등산을 한 것 같다. 지대가 높기도 하지만 인위적인 풍경이 아니기에 더욱 그러하리라.

알고 가면 더 좋다

강릉솔향수목원은 강릉시가 칠성산 자락의 금강송 원시림을 다 함께 누릴 수 있도록 조성한 곳이다. 생태관찰로, 천년숨결 치유의 길, 원추리원, 약용식물원, 암석원 등 23곳의 전시원에 1004종 15만 그루의 나무와 꽃으로 이루어졌다.

오래 머무를 예정이라면 먹을 것을 싸가는 게 좋다. 수목원 내에는 음료 이외에 파는 음식이 없고 수목원 주변에도 식당이 없다.

수목원에서 추천하는 계절은 여름. 사철 내내 푸르른 소나무가 있어 겨울에 와도 썰렁하지는 않지만 색색의 야생화와 다양한 식물을 보기에는 봄과 여름이 좋다. 일부 코스는 그늘이 없어 땡볕 아래 걸어야 하니 너무 덥지 않은 날 오자. 4~11월 사이 운영하는 숲 해설 프로그램에도 참여해보자.

강릉 시내 교보생명 빌딩 앞이나 하나대투증권 앞에서 104번, 104-1번, 104-2번 버스를 타면 된다. 이 세 버스가 번갈아가며 1시간마다 지나간다. 구정종점에서 내리면 맞은편에 이정표가 보이는데 약 1.6킬로미터를 걸어올라야 한다.

강릉 주민 추천 ★★★☆☆

"시끌벅적한 관광지보다 호젓한 산책길을 더 좋아하는 분들에게 추천하는 곳이에요. 여유로운 분위기 속에서 강릉만의 금강송 숲을 거닐어보는 특별함을 만끽할 수 있죠."

- **주소** 강릉시 구정면 구정중앙로 92-177
- **입장시간** 9:00~17:00(하절기), 9:00~16:00(동절기)
- **입장료** 없음
- **평균 소요시간** 2시간
- **문의** 033-660-2320, www.gnsolhyang.kr

| 여기도 한번 가보세요 |

육해공이 다 모인 강릉의 속살
중앙·성남시장

강릉의 시장은 바다와 산, 논과 밭을 두루 품고 있어 특별함이 느껴진다. 규모 또한 커서 시장을 다 둘러보면 1시간이 훌쩍 지나간다. 사람들은 이 일대 시장을 '중앙시장'이라 부르지만 사실 중앙시장 옆에는 성남시장이 바로 맞붙어 있다. 중앙시장 지하는 어시장으로, 항구에서 올라온 싱싱한 제철 해산물이 넘쳐난다. 강릉 시민들은 주문진수산시장보다 이곳에 와서 해산물을 사는 편이다. 선도도 차이가 없고 가격에서도 경쟁력이 있기 때문이다. 남대천 주차장 방면에 있는 8번 출구 옆 아케이드상가로 들어가면 여행자들이 가장 좋아할 만한 닭강정과 떡갈비, 호떡 등 주전부리를 파는 길목이다. 닭강정이 제일 많이 눈에 띄는데 다양한 사이즈로 판매하니 한 번쯤 먹어볼 만하다. 좀더 안쪽으로 들어가면 국밥을 파는 식당이 몰려 있다. 시장은 여행 마지막 날에 들러 여러가지 제철 특산물을 짐 걱정 없이 사보자. 철을 타지 않는 강릉 특산물로는 사천 한과마을에서 직접 만드는 과줄이 괜찮다.

- **위치** 강릉시 금성로 21
- **문의** 033-648-2285, www.gnmarket.com

| 여기도 한번 가보세요 |

천년 축제에 대한 친절한 가이드
강릉단오문화관

한국에서 가장 오래된 축제로 명맥을 이어온 것이 바로 강릉단오제이다. 추석이나 설날처럼 민족 대명절은 아니지만 강릉에서만큼은 단오날 모두가 한데 모여 놀이와 어울림이 공존하는 장을 만든다.

강릉단오제는 범일국사(810~889년)를 수호신으로 삼아 대관령 성황사에서 제사를 올리면서 시작되었다. 한국의 대표적인 신앙이었던 무속, 유교, 불교, 도교의 문화적 원형이 잘 살아 있는 강릉단오제는 2005년 유네스코에 '인류구전 및 무형유산 걸작'으

로 선정되었고 우리나라 중요 무형문화재 제13호로 지정되었다.

음력 5월 5일을 전후로 해서 약 8일간 단오제례와 단오굿, 관노가면극을 중심으로 축제마당이 펼쳐지며 남대천 일대와 대관령, 학산, 사천 등 강릉 시내 곳곳에서 행사가 치러진다. 특히 단오제 기간 매일 아침부터 저녁까지 계속되는 단오굿은 지역의 풍요와 안녕을 기원하는 굿으로 지역 주민에게나 외지인에게나 이색적인 볼거리가 된다.

강릉단오문화관은 강릉단오제에 대해 친절하게 알려주는 전시관이다. 이곳은 크게 전시관과 공연장으로 구성되어 있는데, 단오제 기간이 아니면 볼 수 없는 제례, 굿, 관노가면극을 비롯해 난장에 대한 전반적인 내용이 전시된다. 모형물과 영상, 음악 등 입체적이고 현장성을 느낄 수 있는 전시로 누구나 쉽게 강릉단오제에 대해 이해할 수 있게 한 곳이다. 관람은 오전 9시~오후 6시 사이에 가능하다.

- **위치** 강릉시 단오장길 1
- **문의** 033-660-3940, www.danocenter.kr

 무엇을 먹을까

손병욱베이커리

시금치카스텔라가 유명한 빵집. 큼지막한 원형 카스텔라에 큼직큼직하게 형태가 살아 있는 시금치들이 그득 들어 있다. 이곳에서만 파는 빵이다보니 외지에서 온 사람들이 하나씩 사가곤 한다. 강릉에서만 접할 수 있는 별미다.

- **가는 길** 기업은행 뒤로 길 따라 쭉 가면 삼거리 대각선 방면, 뚱보냉면 맞은편
- **주소** 강릉시 토성로 157
- **문의** 033-646-8484
- **휴일** 연중무휴

싸전

30년이 넘은 오래된 빵집으로 간판도 빵 포장지도 개점 당시 썼던 것을 그대로 유지하고 있다. 향수를 불러일으키는 낡은 외관 덕분에 타지에서 온 이도 이곳을 쉽게 지나치지 못한다. 튀긴 빵에 마요네즈로 버무린 채소를 넣은 사라다빵이 인기.

- **가는 길** 중앙시장에서 젊음의 거리 방면, 택시부 광장 앞
- **주소** 강릉시 금성로 54
- **문의** 033-642-9056
- **휴일** 첫째주, 셋째주 월요일

바로방

싸전처럼 복고적인 느낌을 주는 오래된 빵집이다. 팥도넛, 꽈배기 등 튀긴 빵이 대표 메뉴.

- **가는 길** 홈플러스에서 도보 10분 거리, 죠스떡볶이 골목 안
- **주소** 강릉시 경강로 2092
- **문의** 033-646-4621
- **휴일** 매주 일요일

무엇을 먹을까

벌집

여인숙이었던 집을 식당으로 쓰고 있어 외관도 내부도 예스럽다. 고추장을 푼 걸쭉한 국물에 얇게 뽑아낸 밀가루 면발의 조합이 괜찮다. 고명으로 얹는 다진 돼지고기와 김가루의 어울림도 좋다.

- **가는 길** 임당동성당 골목으로 내려가다 오른쪽 좁은 골목길로 진입
- **주소** 강릉시 경강로2069번길 15
- **문의** 033-648-0866
- **휴일** 연중무휴

할머니현대장칼국수

다른 집과 다르게 면이 넓적하고 고추장을 푼 국물은 좀 매운 편이다. 한 그릇 다 먹고 나면 입안이 얼얼할 정도. 오래된 단골이 많고 외지에서 일부러 찾아오는 이들도 있다.

- **가는 길** 교동사거리에서 강릉역 방향으로 첫번째 골목(강릉대로 202번길)
- **주소** 강릉시 임영로182번길 7-1
- **문의** 033-645-0929
- **휴일** 첫째주, 셋째주 화요일

강릉의 숨겨진 아지트

뚱보냉면

평양냉면과 함흥냉면 두 가지를 다 파는 집이다. 각각 면도 달리 뽑고 국물도 따로 내서 제대로 맛을 낸다. 이북이 고향인 스승에게 직접 냉면을 전수받았다는 주인은 냉면에 대한 자부심이 대단하다. 물냉면은 평양냉면으로, 비빔냉면은 함흥냉면으로 먹어보자. 메밀로 면을 만드는 평양냉면은 겨울에 나는 햇메밀을 쓰기 때문에 겨울에 먹길 추천한다.

- **가는 길** 임당동성당 골목으로 쭉 내려와 손병욱베이커리 맞은편
- **주소** 강릉시 토성로 156-1
- **문의** 033-647-5525
- **휴일** 첫째주 월요일

무엇을 먹을까

포남동사골옹심이

사골을 고아낸 국물이 진하고 구수한 집이다. 감자옹심이는 딱 한 입 크기. 현지 주민들에게 인기가 많은 식당이다. 감자옹심이가 별로라면 칼국수로 시켜도 좋다. 국물은 같다.

- **가는 길** 강릉역육거리에서 도보로 약 10분 거리
- **주소** 강릉시 남구길10번길 11
- **문의** 033-647-2638
- **휴일** 연중무휴

교동반점

이제는 강릉 하면 교동반점을 떠올리는 사람들이 많아졌을 정도로 유명한 짬뽕집이다. 짜장면도 탕수육도 없이 오직 짬뽕과 만두만 판다. 식욕을 돋우는 빨간 국물은 꽤 매운 편이라 다 먹고 나면 목구멍이 얼싸하다.

- **가는 길** 교동사거리에서 강릉역 방면으로 한 블록, 축산농협 맞은편
- **주소** 강릉시 강릉대로 205
- **문의** 033-646-3833
- **휴일** 매주 월요일

광덕식당

중앙·성남시장 내에 자리한 소머리국밥집. 시장 내 국밥집 중 가장 붐비는 식당이다. 푹 고아낸 국물에 고기 건더기를 푸짐하게 넣어 준다.

- **가는 길** 중앙·성남시장 안
- **주소** 강릉시 중앙시장1길 13
- **문의** 033-642-6851
- **휴일** 첫째주, 셋째주 일요일

강릉감자옹심이

강릉에서 가장 인기 있는 감자옹심이 집이다. 여러 방송에서 소개되면서 관광객으로 늘 문전성시다. 멸치와 다시다로 우린 국물에 쫄깃한 감자옹심이를 푸짐하게 넣었다. 강릉 내 감자옹심이 식당에서 내는 '표준적인 맛'이라고 볼 수 있다.

- **가는 길** 중앙동 주민센터 등지고 왼쪽으로 도보 2분
- **주소** 강릉시 토성로 171
- **문의** 033-648-0340
- **휴일** 명절 당일

어디서 쉴까

커피작가

커피아카데미를 겸하고 있는 카페로 커피마니아들 사이에서는 '커피맛'이 가장 좋은 카페 중 한 곳으로 꼽힌다. 커피작가가 위치한 강릉원주대 앞에 형성된 교동 택지지구는 강릉의 '신시가지'로 통하는 곳으로 트렌디한 카페와 음식점이 많다.

- **가는 길** 솔올로사거리에서 강릉원주대학교 방면으로 도보 5분
- **주소** 강릉시 가작로 21
- **문의** 033-653-0037
- **휴일** 매주 일요일

삿포로커피숍

상호 때문인지 눈 오는 날에는 느낌이 남다른 카페. 대표 메뉴인 삿포로블렌드는 일본 커피의 맛을 잘 느낄 수 있는 커피이고 하라블렌드는 단맛을 강조한 커피. 이곳 대표가 핸드드립 커피의 명장으로 불리는 박이추 선생에게서 사사했다.

- **가는 길** 커피작가에서 강릉원주대 방면으로 도보 2분
- **주소** 강릉시 하슬라로206번길 3-15
- **문의** 033-643-0201
- **휴일** 매주 일요일

북카페모모

주택가 골목에 위치한 예쁜 카페다. 언덕에 자리해 카페에 들어서면 강릉 시내가 굽어보인다. 시인이기도 한 주인은 미하엘 엔데의 소설『모모』에서 카페 이름을 따왔다. 카페 2층 다락방은 아지트 삼고 싶을 만큼 전망도 분위기도 으뜸이다. 벽면 여백에는 시도 쓰여 있어 심심할 틈 없는 공간을 연출한다.

- **가는 길** 임당사거리에서 경사로 두번째 골목에 위치
- **주소** 강릉시 율곡로2894번길 6
- **문의** 033-644-2030
- **휴일** 법정공휴일

어디서 쉴까

테라로사커피공장

강릉으로 '커피 순례'를 오는 이들이라면 반드시 거쳐가는 명소다. 강릉에 '커피 바람'을 일으킨 1등공신이라고 할 수 있다. 현재는 전국 곳곳에 체인을 두고 있지만 강릉 학산에 위치한 테라로사가 본점이다. 커피공장이라고 불릴 만큼 큰 규모로 대형 로스팅기, 추출기 등이 눈길을 사로잡는다. 다양한 커피와 직접 만든 빵을 맛볼 수 있다.

- **가는 길** 학산 광명마을에 위치
- **주소** 강릉시 구정면 현천길 25
- **문의** 033-648-2760
- **휴일** 명절 당일

마카조은

강릉 시내의 대표적인 공정무역 카페다. 카페에서 판매하는 모든 커피는 라오스, 동티모르, 베트남 등에서 생산자들에게 공정한 값을 내고 들여온 원두로 내린 것이다. 핸드드립 같은 커피 체험을 할 수 있다.

- **가는 길** 강릉초등학교 교문 맞은편
- **주소** 강릉시 토성로 118
- **문의** 033-655-6820
- **휴일** 셋째주 일요일

봉봉방앗간

1940년대 지어진 건물로 일전에 방앗간으로 쓰였던 곳을 카페로 개조했다. 예술 분야에서 일하는 네 명의 주인이 오래된 건물의 정취를 살리면서도 개성 넘치는 공간으로 꾸몄다. 강릉 예술인들의 아지트이기도 하다. 2층은 갤러리와 공연장을 겸하는데, 무료 대관을 해준다.

- **가는 길** 작은공연장 단 맞은편 골목 안, 강릉 관아에서 도보 10분 거리
- **주소** 강릉시 경강로2024번길 17-1
- **문의** 070-8237-1155
- **휴일** 매주 월요일

어디서 잘까

동아호텔

사우나와 찜질방을 함께 운영하는 강릉 시내의 대표적 호텔이다. 호텔이라고 하기에는 시설이나 서비스 면에서 조금 부족하지만 하룻밤 묵어가기에는 깔끔하고 안락한 편이다.

- **가는 길** 신영극장에서 중앙시장 방면으로 도보 5분 거리
- **주소** 강릉시 경강로 2080
- **예약 및 문의** 033-648-4411

VV호텔

교동택지지구 쪽에 위치한 숙박업소로 고급스러운 디자인의 객실을 갖췄다. 특급호텔에 미치는 시설이나 서비스는 아니지만 수많은 '모텔' 중 어디를 가야 할지 판단이 서지 않는다면 좋은 대안이 될 수 있다. 시외버스터미널에서 가깝다.

- **가는 길** 솔올로에서 강릉교동주공아파트 3단지 방면으로 직진 후 첫번째 사거리에서 오른쪽
- **주소** 강릉시 하슬라로192번길 22-1
- **예약 및 문의** 033-647-2222, www.vvhotel.co.kr

드라마모텔

강릉역 근처에 위치한 모텔 중 현지인들에게 '추천'을 많이 받는 곳이다. 여행객들에게 친절한 서비스로 혼자 묵어가도 크게 부담이 없다. 전반적으로 깔끔하고 쾌적하지만 객실은 좀  어두운 편이다. 역 주변에는 모텔촌이라고 할 만큼 많은 모텔들이 있는데 그중 추천할 만한 곳이다.

- **가는 길** 강릉역에서 도보 5분, 유화증권 뒤
- **주소** 강릉시 옥천로 72-9
- **예약 및 문의** 033-647-3357

홍씨호텔

강릉역 근처에서 가장 세련된 외관과 객실을 가진 숙박업소다. 요즘은 이름만 '호텔'인 모텔이 많은데 이곳은 확실히 호텔의 면모를 지닌 곳이다. 조식은 1만 원에 제공된다.

- **가는 길** 강릉역에서 도보 10분
- **주소** 강릉시 옥천로65번길 2-6
- **예약 및 문의** 033-641-8100, www.hongchotel.kr

03 정동진권

바다가 보이는 강릉

어디서나 바다가 보이는 예쁜 길

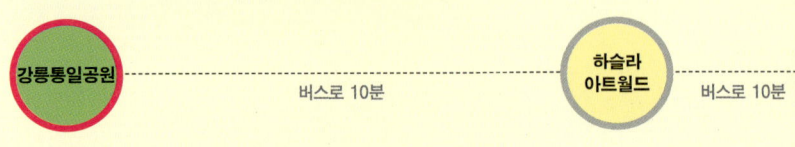

강릉통일공원 ---- 버스로 10분 ---- 하슬라 아트월드 ---- 버스로 10분

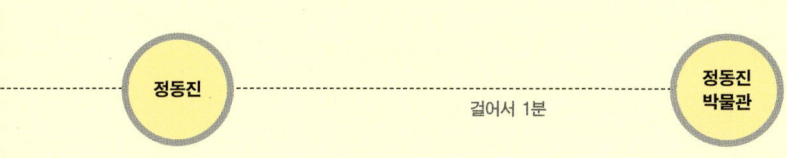

걷기 난이도 ★★☆☆☆

주요 장소 간 이동거리는 짧지만 인도가 따로 없는 도로변을 걸어야 해서 자동차를 조심해야 한다. 특히 강릉통일공원 내 함정전시관과 통일안보전시관 사이, 하슬라아트월드와 정동진 사이를 주의하자.

언제 가면 좋을까

가을과 겨울. 이 구간은 딱히 그늘이 없어서 여름에 걷기에는 무리가 따른다. 선선한 가을에 바다를 곁에 두고 산책하는 기분으로 걸어도 좋고 정동진해변에서의 일출을 계획하고 겨울바다를 만끽해도 좋다.

본격적인 여행에 앞서

1. 시외버스터미널에서 정동진역까지 가는 좌석버스 109번은 1~2시간에 한 대씩 다니고 신영극장 앞에서 정동진과 주변 지역까지 가는 시내버스 111번, 112번, 113번은 1시간에 한 대꼴로 번갈아온다. 처음부터 정동진역으로 갈 생각이라면 109번 버스를 타는 것도 괜찮지만 제시된 코스대로 간다면 시내버스를 타야 한다.

2. 강릉통일공원부터 차례대로 본다면 먹을 것을 챙겨가는 게 좋다. 간단한 음료를 파는 자판기가 있긴 하지만 정동진역에 닿기 전에는 식당이나 편의시설이 드물다.

3. 바다를 벗하며 자연을 느끼는 여행을 원한다면 안인항에서 정동진역까지 괘방산 능선을 걷는 코스(바우길 제8코스)를 추천한다. 단, 하슬라아트월드나 강릉통일공원의 함정전시관을 보려면 다시 큰길을 따라 돌아와야 한다. 정동진역에서 옥계시장까지 이어지는 헌화로 산책길(바우길 제9코스)도 좋다. 두 길 모두 5~6시간 소요.

이것만은 꼭

★ **바다 앞에서 일출 보기.** 정동진도 좋고 등명해변도 좋다. 꼭 해변이 아니라도 정동진 뒤편 영인정이나 작은 사찰 등명락가사에서 보는 일출도 아름답다.

★ **바다를 끼고 걷거나 달리거나.** 정동진 지역은 바다를 바로 옆에 두고 난 길이 일품이다. 걸어도 좋고 드라이브를 즐겨도 좋으며 바다열차를 타고 철로 위를 달려도 좋다. 바다를 바라보는 것만으로도 멋진 추억을 만들 수 있다는 것을 실감할 수 있다.

★ **작은 어촌의 정취 느껴보기.** 이 코스 근방에는 심곡항, 금진항, 옥계시장 등 작은 항구와 재래시장이 자리한다. 유명 관광지로 이름을 날리는 곳은 아니지만 소박한 아름다움이 있다.

★ **비행기, 기차, 배를 타보자.** 재미있게도 세 가지 교통수단을 다 타볼 수 있다. 물론 '정차'된 상태지만. 그렇다고 실망할 필요는 없다. 강릉통일공원 야외전시관에서는 이승만 대통령이 탔던 전용기를, 모래시계공원에서는 시계들이 전시된 기차(정동진박물관)를, 강릉통일공원 함정전시관에서는 한국 해군이 타던 거대 함정을 속속들이 구경하자.

★ **응답하라, 밀레니엄!** 정동진의 테마를 한 가지만 꼽으라면 '시간' 일 것이다. 모래시계공원도 모자라 시계박물관인 정동진박물관까지 들어서 있어 새삼 지나온 시간과 앞으로의 시간에 대해 생각해보지 않을 수 없다. 정동진의 자랑인 거대한 모래시계는 이른바 밀레니엄이라 불린 2000년을 기념해 세운 것이다. 맨 앞자리가 바뀌는 새로운 시대가 들어서던 그때, 우리는 어떤 꿈을 꾸고 있었던가.

하슬라아트월드

심곡항

안보관광 1번지의 묘한 감동
강릉통일공원

강릉통일공원에 주차된 차는 거의 다 관광버스다. 단체로 수학여행을 온 학생들이 이곳의 주된 손님인 것이다. 실제 선박으로 꾸며진 바닷가의 함정전시관은 그나마 연령대가 다양하지만 언덕 높은 곳에 있는 통일안보전시관은 그냥 지나치는 이들이 대부분이다. 통일과 안보라는 단어가 주는 느낌은 절대로 'fun'하지 않고 '뻔'하다. 분단국가에 살고 있는 이상 간과할 수 없는 중요한 문제이지만, 이것을 상기시켜주는 전시는 대개 관념적이고 때론 고압적인 탓일 테다.

그럼에도 강릉통일공원에 가야 할 이유는 분명히 있다. 일단 이곳은 정동진의 뷰포인트라고 해도 손색이 없다. 통일안보전시관에서 내려다보이는 바다, 정확히는 통일안보전시관에서 임해자연휴양림 쪽으로 좀더 올라가면 보이는 전망은 "강릉 바다가 이렇게 아름다웠나" 싶을 정도다. 특히 하늘이 청명한 날에는 눈이 시리게 예쁜 바다를 만날 수 있다. 함정전시관은 전시관 건물인 함정과 바다의 조화가 하나의 멋진 풍경을 만든다. 특히 해 질 녘 노을빛에 담긴 풍경이 그림 같다. 그러니 일단 들러보자. 전시의 질도 나쁘지 않다. 게다가 이곳은 1996년 무장간첩 26명을 태운 북한잠수함이 발견된 바로 그 현장이다. 당시 인양한 북한잠수함도 함정전시관 옆에 있다. 함정전시관 안에는 카페도 입점해 있다. 군함에서 마시는 커피 한잔 또한 이색적인 경험이 될 것이다.

알고 가면 더 좋다

통일안보전시관과 야외전시관은 한곳에 모여 있으나 함정전시관은 자동차로 3분, 도보로 15분 거리에 떨어져 있다. 통일안보전시관과 야외전시관을 먼저 보고 함정전시관으로 가자. 어디든 한 곳에서 매표하면 모든 전시관을 볼 수 있다.

통일안보전시관 뒤편으로 올라가면 임해자연휴양림이 나오고 여기에서 더 올라가면 패러글라이딩을 할 수 있는 활공장이 나온다. 활공장까지 올라갔다면 산 능선을 타고 정동진역까지 가도 좋다. 이곳이 바로 괘방산 능선을 타고 걷는 '안보등산로'인 동시에 바우길 제8코스인 '산우에 바닷길'이다. 임해자연휴양림에서 바라보는 바다는 매우 아름답다.

통일안보전시관에는 국난극복사, 한국전쟁, 침투장비, 통일환경의 변화, 북한잠수함 침투사건 개요 등이 영상과 다양한 자료로 전시되어 있다. 함정전시관은 한국 해군 함정인 3,471톤급 '전북함'을 전시관으로 활용해 함정의 내부를 보여준다. 전시관 옆에 북한잠수함과 북한주민탈출선도 함께 세워져 있다. 야외전시관에서는 이승만 초대 대통령의 전용기를 비롯해 육군, 해군, 공군의 군사장비를 구경할 수 있다.

강릉 주민 추천 ★★★☆☆

"흔히 안보관광이라고 하면 휴전선 근방을 떠올리지만 북한잠수함 침투사건으로 인해 정동진 부근도 주요 안보관광지가 되었지요. 전시와 자연경관을 동시에 경험할 수 있는 곳입니다."

- **주소** 통일안보전시관: 강릉시 강동면 율곡로 1715-38
  함정전시관: 강릉시 강동면 율곡로 1616
- **입장시간** 9:00~18:00(하절기), 9:00~17:30(동절기)
- **입장료** 3000원
- **평균 소요시간** 2시간 30분
- **문의** 통일안보전시관 033-640-4469, 함정전시관 033-640-4470

찍는 대로 작품이 되는 야외 미술관
하슬라아트월드

'여행에서 남는 것은 사진뿐'이라고 생각하는 이라면 한번 들러봄직한 곳이다. 하슬라아트월드는 '하슬라'라는 강릉의 옛 이름을 내건 3만3000평의 조각공원이다. 바다가 내려다보이는 산기슭에 자리해 '산 위의 바다'라는 수식이 어울린다. 야외 조각공원 외에도 미술관, 호텔, 카페, 전망대 등을 갖춘 제법 큰 예술단지다. 바다정원, 소나무정원, 시간의 광장 등 여러 가지 테마를 가진 공원이 조화롭게 어우러져 있고 가지각색의 조각품이 곳곳에 자리해 어디에 앵글을 갖다대도 특별한 사진을 얻을 수 있다.

공들여 잘 가꾼 공원이라 호텔 정원을 걷듯 편안하게 산책할 수 있다. 정원 전체가 비스듬한 경사에 있어 올라갈수록 전망이 좋고 굳이 전망대가 아니어도 어디서나 바다를 볼 수 있다. 조각품도 풍경과 어울리거나 누구나 무엇인지 알 수 있는 형태의 작품들이다. 중간중간에 벤치가 놓여 있고 카페, 작은 미술관이 있어 다 돌아보는 데 1시간 이상 걸린다. 건물 내에 있는 국내 유일의 피노키오·마리오네트미술관도 놓치지 말아야 한다. 유럽에서 수집한 피노키오 인형과 마리오네트 인형이 주렁주렁 매달려 공간을 채우고 있다. 피노키오가 들어간 '고래 배 속'을 재현한 터널도 걸어보자. 사실 바다 위 언덕, 그것도 미술관 옆을 산책해볼 기회가 몇 번이나 될까. 귀띔하면 이곳에서 바라보는 강릉 바다 색깔이 특히 아름답다.

알고 가면 더 좋다

입구 쪽에 위치한 색색의 건물은 호텔이자 미술관, 레스토랑이 자리한 메인 건물 '하슬라뮤지엄 호텔'이다. 미술관과 레스토랑은 1층과 지하에 있다. 나팔꽃 모양의 조명 옆에 별관처럼 지어진 건물은 카페로 밤에 불이 켜지면 화려한 야경을 자랑한다.

야외 조각공원 내에는 소똥갤러리와 돌갤러리가 있다. 각각 소똥과 돌을 이용해 만든 작품이 전시되어 있다.

독특한 풍경을 자랑하면서도 멋진 사진을 연출할 수 있는 곳은 반원형의 지붕이 있는 하늘정원과 해시계와 십이간지상이 있는 시간의 광장이다. 빌렌도르프의 〈비너스〉가 놓인 정원과 공중에 달아놓은 듯한 〈그림자 자전거〉 또한 인상적이다.

일출 명소로 유명한 사찰 등명락가사는 하슬라아트월드에서 강릉통일공원 방면으로 10분 정도 걸어가면 있다. 정동진역까지는 3킬로미터 정도로, 걷기 어렵다면 시내버스를 타자. 버스 시간은 하슬라아트월드 매표소에서도 안내해준다.

강릉 주민 추천 ★★★★☆

"여자분들이 특히 좋아하는 장소예요. 구경할 것도 많고 경관도 아름답고요. 친구들끼리 오면 사진 찍고 수다 떠느라 반나절이 금방 지나가죠."

- **주소** 강릉시 강동면 율곡로 1441
- **입장시간** 8:30~18:30
- **입장료** 1만 원
- **평균 소요시간** 2시간
- **문의** 033-644-9411, www.haslla.kr

아침이 시작되는 바다
정동진

정동진은 전국적으로 널리 알려진 일출 명소 중 첫손에 꼽히는 장소이다. 1994년 방영되었던 드라마 〈모래시계〉의 촬영지로 유명해지고 청량리역에서 정동진역까지 해돋이열차가 운영되면서 정동진은 일약 '일출계의 스타'로 떠올랐다. 2000년에는 국가지정 행사로 밀레니엄해돋이축제를 성대하게 치르기도 했다. 그래서 정동진은 새해 첫날뿐 아니라 흐린 날을 제외한 거의 모든 날 '일출 손님'이 있는 곳이다. 어디서나 뜨는 해임에도 사람들은 정동진 바다에서 솟아오르는 태양을 보기 위해 아침잠을 아껴가며 이곳을 찾는다. 서울 광화문으로부터 정프 동쪽에 위치해 붙여진 이름 정동진. 그래서인지 정동진 바다에서 뜨는 해는 갓 태어난 듯 붉은빛도 내뿜는 열기도 생생하게 피부로 와 닿는다. 황금빛으로 물드는 바다와 모래사장도 장관이다.

허전해 보일 법한 바다 한 귀퉁이를 장식하고 있는 리조트의 배 모양 레스토랑도 해돋이의 빠질 수 없는 조연이다. 해돋이를 보러 왔을 뿐인데 뜻하지 않은 사색을 하게 된다. 눈앞에는 바다가, 발밑에는 고운 모래사장이, 등 뒤로는 소나무와 철길이 있으니 과연 '완벽한 해돋이 세트'가 아닌가.

주인공은 바다도 해도 아닌 바로 이곳에 선 '나 자신'이다. 정동진 바다에서 아침을 맞이한다면 걱정도 슬픔도 잊을 일이다. 새로운 오늘이 바로 여기에서 시작되었으니 말이다.

알고 가면 더 좋다

서울 청량리역에서 매일 밤 11시 15분에 출발해 해가 뜰 무렵 정동진역에 닿는 무궁화호 기차가 있다. 여름에는 오전 5시 50분, 겨울에는 오전 7시 30분경에 해가 뜬다. 일출 시각을 미리 확인해보고 가자.

정동진역은 세계에서 가장 바다와 가까운 기차역이다. 정동진에 조성된 모래시계공원에는 세계 최대의 모래시계가 있다. 1년이 지나면 모래가 다 떨어지고 반대로 뒤집어진다.

사실 정동진에서 제대로 일출을 볼 수 있는 날은 1년에 60~70일밖에 안 된다. 대부분 구름이 끼어 있으니 붉게 떠오르는 해를 보지 못했다고 너무 아쉬워 말자.

정동진 뒤편 야트막한 고성산 산봉우리에 영인정이라 불리는 팔각정이 있다. 산책로를 따라 10분쯤 올라가 영인정에 서면 정동진 일대가 한눈에 들어온다. 해돋이의 숨겨진 명소.

정동진 일대에 레일바이크가 2014년 4월부터 정식 운영된다. 모래시계공원부터 등명해변 인근까지 왕복 5.2킬로미터 구간이다.

강릉 주민 추천 ★★★★☆

"이제는 해돋이 명소로 모르는 사람이 없지만 매일 지나치는 현지인들도 결코 질리는 법이 없는 곳이라고 말하곤 합니다. 기차역에서 처음 내렸을 때 쾌감을 잊지 못하는 분들이 많아요."

- **주소** 강릉시 강동면 정동진역길 17
- **입장시간** 없음
- **입장료** 없음
- **평균 소요시간** 머무르는 만큼
- **문의** 033-640-4533

모래시계공원

기차를 타고 떠나는 시간여행
정동진박물관

정동진 모래시계공원에는 정차된 기차가 한 대 있다. 앞부분을 보면 증기기관차의 모습이고 뒤편의 7량을 보면 당장이라도 떠날 것 같다. 이 기차는 사실 시계를 테마로 한 박물관이다. 기차의 긴 통로를 따라 그야말로 온갖 시계들이 전시되어 있다. 대부분의 전시물은 정동진박물관 관장이 오랜 시간 직접 발로 뛰어 모은 것이다.

비단 시계만 전시한 것이 아니라 '1초'라는 시간이 만들어지기까지와 같은 시계의 역사부터 상대성 이론에서 출발하는 시계의 과학까지 꼼꼼히 다루며 '친절한 시계 선생님' 역할을 자처한다. 자못 교육적이라 젊은 연인보다는 아이를 둔 부모가 더 좋아하는 분위기다. 사람에 따라선 살짝 지루할 수도 있지만 적어도 '우리에게 시간은 무엇이고 어떤 의미인가?' 하는, 박물관이 던진 질문에 대해선 잠시 멈칫하게 된다. 어떤 뚜렷한 답을 생각하는 것이 아니라 지나온 시간에 대한 반추, 앞으로 살아가야 할 시간에 대한 다짐 같은 것을 하게 되는 것이다.

확실히 박물관 앞쪽 시계의 역사와 원리 부분보다는 뒤쪽이 흥미롭다. 네번째 칸부터는 화려하고 진귀한 중세시계와 타이타닉에서 발견된 회중시계, 시계의 원리를 이용해 만든 예술작품이 전시되어 있다. 첫번째 칸부터 마지막 칸까지 모두 관람하고 나면 '시간을 달리는 열차'를 탄 것 같은 기분이 들지도 모르겠다.

알고 가면 더 좋다

첫번째 칸은 기념품과 음료를 판매하고, 두번째 칸은 해시계, 물시계, 향시계 등을 중심으로 시간측정도구 발달사를 다룬다. 세번째 칸은 진자시계, 항해시계, 세슘원자시계 등을 두고 시계에 적용된 과학원리를 설명하며, 네번째 칸은 유럽 각지에서 수집한 화려하고 희귀한 시계를, 다섯번째 칸은 타이타닉호 침몰 순간 멈춘 세계 유일의 회중시계를 선보인다. 여섯번째 칸은 시계의 원리를 이용한 예술작품을 전시하고 있다.

오로지 나무만 이용해 손으로 깎아 만든 대형 나무시계, 자전거 기어뭉치 54개와 체인 27개를 조합해 만든 4.6미터의 세계 최대 자전거시계, 시간에 갇혀 살아가는 현대인의 자화상을 표현한 고든 브라듯의 작품 등이 눈여겨볼 만하다.

정동진박물관 앞에는 높이 5미터의 대형 해시계가 있다. 해시계의 화살은 지구의 회전축과 일치하고 화살촉은 항상 북극성을 가리킨다. 화살 끝과 지면이 이루는 각도는 정동진의 위도인 37.6877도이다. 가운데 반원은 적도 라인과 일치한다. 해시계는 해가 떴을 때 화살의 그림자를 이용해 시간을 측정한다.

강릉 주민 추천 ★★★★☆

"시간이라는 테마와 정동진이라는 장소가 참 잘 어울리잖아요. 일출을 보면서 누구나 과거와 현재, 미래를 생각하니까요. 정동진박물관은 시간의 의미를 생각해보게 하는 장소이자 일출만으로는 뭔가 심심한 듯한 정동진을 보완해주는 역할을 하는 것 같아요."

- **주소** 강릉시 강동면 헌화로 990-1
- **입장시간** 10:00~18:00(계절에 따라 변동 가능)
- **입장료** 5000원
- **평균 소요시간** 1시간
- **문의** 033-645-4540, www.jdjmuseum.com

| 여기도 한번 가보세요 |

왼손에는 바다가 뜨고 오른손엔 절벽이 서네
헌화로

옥빛 바다와 기암괴석 사이에 오롯하게 난 길. 헌화로를 달리면 그 유명한 호주의 그레이트 오션 로드도 부럽지 않다. 신라 향가인 '헌화가'에서 이름을 딴 총 14킬로미터 거리의 헌화로는 한국의 아름다운 길을 거론할 때면 빠지지 않고 언급된다. 정동진역에서 심곡항과 금진항, 옥계를 잇는 이 길은 바다를 옆구리에 끼고 굽이굽이 나 있어 때로는 마치 바다 위를 떠다니는 듯한 착각을 불러일으킨다. 특히 심곡항에서 금진항을 잇는 2킬로미터의 길이 절정인데 차도 옆으로 인도가 마련되어 있어서 걷기에도 좋은 길이다. 심곡항은 깊은 골짜기 안에 있고 해안 절벽 경치가 아름다워 미항으로 꼽힌다. 금진항은 항구 정취를 느끼며 허기진 배를 채우고 휴식을 취하기 좋다.

뚜벅뚜벅 걷다보면 "우리나라에 이런 곳이 있다니" 하는 감탄이 절로 나온다. 눈앞에는 잔잔한 바다가 햇볕에 부서지고 맞은편 절벽 틈으로 강인하게 뿌리내린 나무들이 듬성듬성 자라 있다. 풍경이 이토록 아름다운 까닭에 소를 끌던 노옹이 절벽의 꽃을 꺾어 수로부인에게 바쳤다는 헌화가의 노랫말에 절로 동화될 지경이다. 생면부지의 이성과 걷는다 해도 사랑에 빠질 수 있을 것 같은 길이 바로 헌화로다.

- **위치** 강릉시 강동면 헌화로. 차가 없다면 시내에서 112번 버스를 타고 심곡항에서 하차.
- **문의** 033-645-0990

| 여기도 한번 가보세요 |

바다를 품은 아름다운 사찰

등명락가사

정동진의 탁 트인 바다 일출보다 아늑하고 고즈넉한 분위기 속에서 해돋이가 보고 싶다면 등명락가사로 갈 일이다. 강릉통일공원 함정전시관과 하슬라아트월드 사이, 산중턱에 아담하게 자리 잡은 이 고요한 사찰은 동해를 '안고' 있는 형상이다. 신라 선덕여왕 때 자장율사가 창건한 절로 그야말로 천년 고찰이다. 오랜 세월 있었던 만큼 사연도 많다. 억불정책이 행해지던 조선 초기에 한양에서 정표 동쪽에 있는 것이 이유가 되어 폐사되었다가 1950년대 중창되어 낙가사라는 이름의 암자로 지어졌고, 1980년에 마침내 등명락가사라고 부르게 되었다. 고려 전기에 세워진 것으로 추측되는 5층석탑이 남아 있고 수중사리탑이 바다에 모셔져 있다는 전설이 내려온다. 사실 폐사되고 중창을 거듭해 건물만 보자면 오래된 느낌은 없다. 그러나 절을 품은 괘방산, 절이 품은 동해가 어우러진 풍경은 암만 봐도 질리는 법이 없다. 절 입구에 흐르는 '등명감로약수'는 만병에 효험이 있다고 소문이 나 현재도 강릉 시민들이 자주 찾는다.

- **위치** 강릉시 강동면 율곡로 1505-16
- **문의** 033-644-5337

| 여기도 한번 가보세요 |

소박한 시골 오일장
옥계시장

정동진부터 헌화로를 따라 달리면 그 끝에 '옥계'가 있다. 옥계면 현내리에서는 4일과 9일 오일장이 열린다. 최근 몇 년 사이 재단장을 한 덕에 '옥계오일장'이라는 입간판도 있고 상점마다 하얀색의 세련된 차양이 멋들어지게 설치되었지만 재래시장의 오래된 정취는 그대로 풍긴다. 예나 지금이나 바뀌지 않은 재래시장의 사람들 덕분이리라.

처음 본 얼굴임에도 낯이 익은 주름진 할머니들의 얼굴. 그들은 굳은살 배긴 손으로 말린 나물과 직접 담근 장, 살뜰히 다듬은 채소들을 건넨다. 여행을 온 건지 장을 보러 온 건지 헷갈리는 순간이다. 결국 나물 몇 가지를 사고 손에는 주렁주렁 장보따리가 들린다. 김이 피어오르는 찐빵, 고소하게 기름이 밴 부꾸미로 배를 채우고 나면 마음도 몸도 따뜻한 기운으로 차오른다. 파는 물건은 소박해도 북평장 다음으로 크게 열리는 오일장이다. 시장을 둘러보았으면 시장 근처에 있는 옥계성당도 들러보자. 크림색의 작은 성당은 보는 것만으로도 평온함을 가져다준다.

- **위치** 강릉시 옥계면 현내중길 8
- **문의** 033-640-4605

 무엇을 먹을까

바다마을횟집

- **가는 길** 등명해변에서 도보로 3분
- **주소** 강릉시 강동면 정동등명길 23
- **문의** 033-644-5747
- **휴일** 연중무휴

해변에 위치한 횟집으로 섭국이 유명하다. 섭은 7~8년 정도 지난 자연산 홍합을 일컫는 말로 섭국은 된장과 고추장을 푼 국물에 섭을 푸짐하게 넣은 구수하고 진한 맛이 나는 해장국이다. 섭칼국수도 괜찮다. 이 집 김치는 배추를 바닷물로 절이고 자연산 섭을 넣어 담가 청량한 맛이 일품이다.

큰기와집

전복해물수제비가 맛있다. 새우, 전복, 가리비, 주꾸미 등 해물이 푸짐하게 들어가 국물맛이 시원하다. 48시간 동안 숙성시켜 오랫동안 쫄깃함이 유지되는 수제비 반죽도 괜찮다. 양도 푸짐한 편. 전복오징어찜도 이 집의 대표 메뉴로 오징어와 전복이 통째로 들어 있는 매콤한 해물찜이다. 해돋이를 본 후 이곳에서 아침식사로 수제비를 한 그릇 먹으면 좋다. 오전 7시 10분에 문을 연다.

- **가는 길** 등명해변에서 도보로 5분, 대로변 위치
- **주소** 강릉시 강동면 정동등명길 3
- **문의** 033-644-5655
- **휴일** 연중무휴

시골식당

- **가는 길** 심곡항에서 심곡리복지회관 방면으로 도보로 5분
- **주소** 강릉시 강동면 헌화로 665-1
- **문의** 033-644-5312
- **휴일** 매월 첫째주, 셋째주 화요일

원조 망치매운탕집으로 통한다. 망치는 강릉 연안에 사는 정착어로 이 일대에서만 잡히다보니 타 도시에서는 맛보기 어렵다. 아구를 연상시키는 망치는 흐물거리지 않고 쫀쫀하며 담백하고 부드러운 육질을 가지고 있다. 망치매운탕의 국물은 얼큰하지만 많이 맵지는 않다. 다른 생선 매운탕보다 저렴한 편.

썬한식

정동진역 일대에서 괜찮은 한식집으로 꼽힌다. 해물전복칼국수, 꽃게전골, 돌솥비빔밥 등 꽤 다양한 메뉴를 내놓는다. 아침에 가면 황태해장국을 추천한다.

- **가는 길** 정동진역 뒤 정동삼거리 부근
- **주소** 강릉시 강동면 율곡로 116
- **문의** 033-644-5460
- **휴일** 연중무휴

항구마차

대게칼국수와 가자미회무침이 맛있는 집이다. 금진항 근처 도로변에 '포차'로 자리한 식당인데 배우 최불암이 진행하는 〈한국인의 밥상〉에 나오면서 많이 알려졌다. 살이 꽉 찬 게를 넣어 끓인 대게칼국수는 텁텁한 느낌 없이 시원하고 가자미회무침의 새콤달콤한 양념 맛은 입맛을 돋운다. 함께 내는 반찬도 감칠맛 난다. 심곡항부터 금진항까지 헌화로를 따라 걸은 다음 배를 채우기 좋은 곳이다.

- **가는 길** 금진항에서 금진교 방면으로 도보로 10분
- **주소** 강릉시 옥계면 헌화로 금진항
- **문의** 033-534-0690
- **휴일** 매월 둘째주, 넷째주 수요일

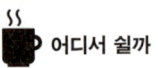 어디서 쉴까

썬카페

방갈로 같은 외관을 지닌 바닷가 카페. 복층 구조로 예스러우면서도 아늑한 분위기다. 바다와 철길이 내다보이는 창문가와 테라스가 좋다. 커피와 함께 수제돈가스도 인기.

- **가는 길** 정동진역에서 도보로 5분, 등명해변 방향 도로변에 위치
- **주소** 강릉시 강동면 정동역길 6
- **문의** 033-644-5466
- **휴일** 연중무휴

정동진여행카페

정동진에서 가장 가까운 카페. 꽤 넓고 쾌적하다. 역시 바다가 내려다보이는 2층 테라스 자리가 인기. 쌀쌀한 새벽 일출을 보고 난 후 커피 한잔하기 제격인 곳이다.

- **가는 길** 모래시계공원 길 건너
- **주소** 강릉시 강동면 헌화로 1011-1
- **문의** 033-643-8860
- **휴일** 연중무휴

어디서 잘까

하슬라뮤지엄호텔

두 동으로 나뉜 호텔 건물은 프런트부터 레스토랑까지 모든 공간이 예술품이다. 객실의 침대, 의자 같은 가구, 반신욕조, 타일까지도 예술적 상상력이 묻어나 있다. 일부 객실의 욕조에서는 바다가 한눈에 들어온다. 방마다 다른 테마의 인테리어로 이색적인 하룻밤을 보낼 수 있다.

- **가는 길** 등명해변 못미처 오른쪽 도로변, 정동진역에서 차로 5분
- **주소** 강릉시 강동면 율곡로 1441
- **예약 및 문의** 033-644-9411~5, www.haslla.kr

썬크루즈리조트

정동진해변 오른쪽으로 보이는 배 모양의 건물이 있다. 바다 쪽으로 난 것은 식당이고 산기슭 쪽에 크게 자리한 배는 리조트다. 내부는 무난한 인테리어로 깔끔하고 편리하다. 배 모양이다보니 일부 객실 창문은 원형  이라 실제 크루즈를 탄 기분이 들기도 한다. 요트 클럽을 함께 운영하고 있다.

- **가는 길** 정동진해변 맞은편
- **주소** 강릉시 강동면 헌화로 950-39
- **예약 및 문의** 033-610-7000, www.esuncruise.com

어디서 잘까

임해자연휴양림

괘방산 자락에 자리를 잡은 작은 휴양림으로 아름다운 해안 절경이 한눈에 들어온다. 굳이 이동 없이 해돋이를 볼 수 있다. 안보 등산로를 이용해 삼림욕을 체험할 수 있다. 총 18개 객실로 비성수기에도 인기가 많아 넉넉하게 시간을 두고 예약하는 게 좋다.

- **가는 길** 강릉통일공원 통일안보전시관 뒤쪽으로 도보로 5분
- **주소** 강릉시 강동면 율곡로 1715-85
- **예약 및 문의** 033-644-9483, www.gnimhae.com

호텔메이플비치

골프장을 끼고 있는 호텔로 안인해변 위에 지어져 바다와 매우 가깝다. 객실은 동해안의 해안선을 따라 수평으로 배치해 바다와 대관령 산자락을 조망할 수 있다. 고급스럽고 세련된 인테리어도 돋보인다. 작은 야외 수영장은 바다를 향해 있다.

- **가는 길** 안인역에서 차로 2분
- **주소** 강릉시 강동면 염전길 255
- **예약 및 문의** 033-823-2000, www.maplebeach.co.kr

| 바다열차로 동해안 즐기기 |

강릉역에서 삼척역까지
80분간의 해안 철도 여행

정동진역처럼 해변과 가까운 기차역을 보면 자연스레 바다를 곁에 두고 달리는 기차를 타고 싶어진다. 목적지로 가기 위해 타는 것이 아니라 타는 그 자체가 즐거움일 수 있는 기차가 있다. 강릉, 동해, 삼척의 아름다운 해안선 58킬로미터를 배경으로 달리는 바다열차다. 기존 관광열차와 달리 바다열차는 전 좌석이 해안을 조망할 수 있도록 측면 방향으로 배치되었다. 그야말로 바다를 보며 달리는 셈이다. 이 열차에서는 승무원이 DJ가 되어 음악을 틀어주고 사연을 읽어주기도 한다. 프러포즈 이벤트를 포함한 다양한 이벤트와 게임도 준비된다. 기차는 강릉역을 출발해 정동진역, 묵호역, 동해역, 추암역, 삼척해변역에 정차하며 종착지는 삼척역이다. 반대로 삼척역에서 출발해 강릉역으로 도착하는 기차편도 있으니 왕복으로 즐겨도 좋다. 주말아침열차와 하루 두 번 운행하는 주중열차가 있는데 계절에 따라 운행시간이 변경될 수 있으므로 미리 문의하자.

● 문의 033-573-5474, www.seatrain.co.kr

04 대관령권

푸른 하늘 아래 강릉

푸른 하늘 아래 능선길

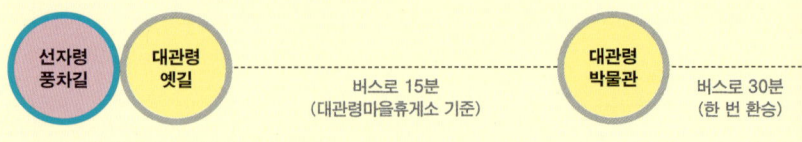

선자령풍차길 — 대관령옛길 · · · · · 버스로 15분 (대관령마을휴게소 기준) · · · · · 대관령박물관 · · · · · 버스로 30분 (한 번 환승)

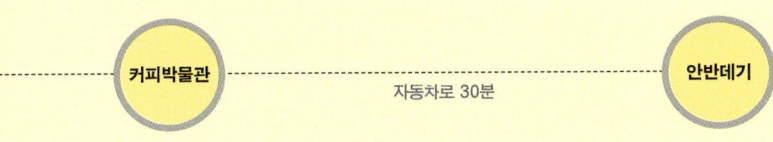

걷기 난이도 ★★★☆☆

선자령풍차길과 대관령옛길은 산길이기 때문에 어느 정도 힘이 든다. 그러나 오르막길이 거의 없는 평평한 능선길이거나 내리막길이어서 일반 산행보다는 수월한 편.

언제 가면 좋을까

대관령옛길은 단풍이 곱게 든 가을이 아름답다. 눈이 내린 겨울날에는 선자령풍차길의 설경이 멋지다. 안반데기는 배추를 수확하기 전인 여름 풍경이 이색적이다.

본격적인 여행에 앞서

1. 대중교통 이용이 까다롭다. 강릉 시내에서 선자령풍차길과 대관령옛길의 출발점인 대관령마을휴게소까지 올라가는 503-1번 버스는 주말 아침 8시 35분(안목 종점 기준)에 단 1회 운행한다. 다시 내려오는 버스는 오후 3시 30분경에 있다. 동절기에는 운행하지 않으니 버스 회사에 문의해야 한다(동진버스 070-8891-8990). 택시를 타려면 횡계터미널에서 타자. 8000원 내외면 대관령마을휴게소에 닿는다.

2. 식당은 성산면 일대에 몰려 있다. 성산면은 대관령박물관에서 차로 5분 거리이고, 커피박물관에서는 차로 15분 정도 거리에 위치해 있다.

3. 안반데기까지는 가는 버스가 없어서 차를 이용하거나 택시를 타야 한다. 택시비는 시내를 기준으로 왕복 6만 원 정도 예상해야 하니, 최대한 여러 명을 모아보자.

4. 이 코스는 외딴길이 많아 혼자 다니는 여행을 추천하지 않는다. 또 저녁이면 불빛 한 점 없기 때문에 해가 지기 전에 여행을 마치도록 한다.

이것만은 꼭

★ **풍력발전기 앞에서 사진 한 장.** 대관령 자락에 위풍당당하게 서 있는 풍력발전기는 강릉 시내 어디에서나 보일 정도로 존재감이 크다. 대관령에 오르면 바로 앞에서 풍력발전기를 만날 수 있다. 쉽게 볼 수 없는 이국적인 풍경인 만큼 꼭 사진 한 방 찍도록 하자.

★ **간절하게 소원 빌기.** 이 코스는 전망대도 많고 돌탑도 많다. 묵묵히 걸어 정상에 닿으면 으레 소원 하나씩을 빌게 된다. 전망대에서 아래를 굽어보며, 혹은 누군가 쌓은 돌탑에 살포시 돌 하나를 올리며 소원을 빌어보자. 대관령의 수호신이 소원을 들어줄지도 모를 일이다. 단 노추산 모정탑길에선 돌탑에 절대 손대지 말 것. 이곳의 돌탑들은 이미 다 쌓아 완성한 돌탑으로 손을 댔다가 훼손할 수 있다.

★ **피톤치드를 마시며 삼림욕을.** 최근 연구 결과에 따르면 스트레스를 줄여주고 면역력을 높여주는 피톤치드는 편백 숲보다 소나무 숲에서 더 많이 나온다고 한다. 이 코스는 소나무 군락으로 둘러싸인 대관령 일대를 돌기 때문에 온종일 피톤치드를 마실 수 있다. 걸으면서 의식적으로 깊이 숨을 마셔보자.

★ **성산먹거리촌에서 점심을.** 대관령 자락 아래 위치한 성산면 일대에는 맛집이 많아서 아예 '성산먹거리촌'이라 이름 붙여졌다. 대관령박물관을 가든 커피박물관을 가든 성산면을 지나치게 되는데 이 지역을 벗어나면 식사를 할 수 있는 곳이 거의 없다. 대구머리찜, 생선구이, 쌈밥, 추어탕, 국밥 등 평균 이상의 맛을 자랑하는 맛집들이 500미터 도로변을 따라 즐비하다.

★ **대관령마을휴게소에서는 감자떡!** 대관령옛길이든 선자령풍차길이든 그 출발점은 대관령마을휴게소다. 터널이 뚫리고 나서 휴게소를 들르는 이들이 없자 잠시 문을 닫기도 했지만 바우길을 걷는 이들 덕분에 다시금 생기를 찾았다. 갓 쪄낸 강원도의 별미 감자떡을 몇 개 사먹고 트레킹을 즐기자. 속이 든든할 것이다. 길이 뚫리기 전, 동해를 갈 때마다 대관령을 넘어가느라 멀미에 시달렸던 이들이라면 새삼 추억에 젖어보는 공간이 될 것이다.

★ **멍에전망대 올라가기.** 안반데기에 간다면 멍에전망대는 꼭 올라가 보자. 전망대까지는 차가 다닐 수 없어 약 15분간 걸어 올라가야 하는데 걸으면서 내려다보이는 고랭지 배추밭의 풍경도 근사하고 전망대에 올라가 사방을 둘러보는 경험도 잊지 못할 추억이 된다.

이토록 낭만적인 트레킹
선자령풍차길

등산을 싫어하는 사람에게도 감히 이 길만은 등을 밀어서라도 걷게 하고 싶다. 강원도에 무릉도원이 있다면 그곳은 선자령풍차길일 테니까. 강릉과 평창의 경계. 대관령에 길이 나기 전 선자령길은 마을 사이를 이어주던 통로였다. 고랭지농사를 짓는 평창 사람들은 해산물을, 바다농사를 짓는 강릉 사람들은 구황작물을 얻기 위해 선자령을 넘어야 했기 때문이다. 이제 그 길은 온전히 자연이 좋아 걷는 이들의 몫이 됐다.

지난날 강릉의 관문이었지만 지금은 여행자들의 베이스캠프가 된 대관령마을휴게소에서 양떼목장 담장길을 따라 걸어 올라간다. 푸르게 펼쳐진 방목장을 보며 걸으니 가슴이 뻥 뚫린다. 시원하게 뻗은 하얀 자작나무 숲길과 졸졸 흐르는 시냇가를 경쾌하게 걷는다. 오르막길이 나와도 아주 잠깐이다. 가을이면 나뭇잎이 쌓여 폭신폭신한 느낌마저 드는 편안한 길이다. 2시간쯤 걸으면 어느덧 대관령 바람을 맞아 돌아가는 풍차, 정확히는 풍력발전기들이 보인다. 이국적인 풍경에 넋을 잃고 걷다보면 어느덧 선자령 정상이다. 하늘은 손에 닿을 듯 가깝고 대관령 자락은 발 아래서 장관을 연출한다. 선자령에서 내려오는 길은 대관령마을휴게소를 향하되 바다가 보이는 동해전망대를 거친다. 잠시도 지루할 틈이 없다. 풍력발전기가 돌아가는 능선길, 그리고 하늘과 바다. 이토록 낭만적인 산길이 어디에 또 있을까.

알고 가면 더 좋다

선자령풍차길의 총 길이는 약 12킬로미터로 4~5시간 정도 걸린다. 코스는 대관령마을휴게소→등산로 입구(0.5km)→양떼목장(0.9km)→풍해조림지(0.8km)→샘터(1km)→선자령(3.2km)→동해전망대(2.5km)→국사성황사(1.3km)→등산로 입구(1.2km)→대관령마을휴게소(0.5km)이다.

겨울에는 방한모, 방풍방한의류, 보온병, 비상식, 아이젠, 장갑, 스틱, 손난로를 반드시 챙기자. 가을철 일부 기간에는 산불예방을 위해 입산이 통제된다.

선자령을 올라가면서 만나게 되는 대관령 양떼목장은 행정구역 상으로 평창에 속해 있다. 태백산맥을 울타리처럼 두른 대관령 구릉 위에 양들을 방목하는데 '한국의 알프스'라는 수식이 어울리는 이국적인 풍광을 자랑한다. 선자령풍차길을 걸으면서는 철책을 둘러가야 하기 때문에 들어갈 수는 없고 대관령마을휴게소 뒤편 입구로 입장해야 한다.

선자령을 찍고 내려오는 길에 지나는 국사성황사는 신라의 국사인 범일을 성황신으로 모시는 대표적인 무교의 성지이자 강릉단오제의 시발점이다.

선자령풍차길은 설경이 아름다워 눈꽃트레킹으로 유명하다. 하

얀 눈의 언덕, 푸르른 하늘 아래 힘차게 돌아가는 풍력발전기, 나무에 피어난 눈꽃은 쉽게 볼 수 없는 절경이다.

대관령과 선자령 일대의 풍력발전기는 모두 53개로 5만 가구의 전력을 만들어낸다.

선자령은 평창군 대관령면과 강릉시 성산면의 경계에 위치한 고개로 해발 1157미터이고 선자령풍차길이라는 이름은 강릉이 고향인 소설가 이순원 씨가 지은 것.

자작나무 사잇길이 무척 아름답고 정상으로 올라갈수록 나무들의 키가 작아진다.

내려가는 길은 올라가는 길과 다른 길로 평평한 초원지대를 지난다. 내려가는 길 중간에 있는 동해전망대에서는 바다와 강릉 시내를 조망할 수 있다.

강릉 주민 추천 ★★★★☆

"강릉을 대표하는 첫번째 길이 바로 선자령풍차길이에요. 바우길의 제1코스이기도 하죠. 걷는 데 부담 없고 다른 산과는 확실히 다른 풍광을 자랑합니다. 선자령풍차길을 걸어보지 않고는 강릉을 다 보았다고 할 수 없죠."

- **주소** 평창군 대관령면 경강로 5721 대관령마을휴게소
- **입장시간** 산불방제기간 및 일몰 후에는 입장 제한
- **입장료** 없음
- **평균 소요시간** 5시간
- **문의** 033-645-0990

대관령 양떼목장 부근

고갯길의 대명사
대관령옛길

강릉과 평창 사이에 있는 대관령은 우리나라 고갯길의 대명사로 통한다. 이 고개를 넘어야만 국토 내륙으로 들어갈 수 있고 이 고개를 내려가야 동해를 만날 수 있었기 때문이다. 이제는 매끈하게 뚫린 고속도로가 있어 대관령을 넘는다는 것도 옛말이 되어버렸지만 여전히 대관령옛길을 찾는 발걸음은 끊이지 않는다. 한 굽이 돌아가면 또 한 굽이 나타나니 참으로 고된 길이 아닐 수 없어 옛 사람들은 이 길을 아흔아홉 굽이에 사연이 담긴 옛길이라 불렀다. 어린 율곡의 손을 잡고 고개를 넘나들던 신사임당은 고갯길 중턱에서 강릉을 내려다보며 친정 어머니를 그리는 마음을 시로 남겼고, 송강 정철도 이 고갯길을 넘어 관동팔경을 만났다. 금강송 숲을 지나는 고개 원울이재員泣峴는 옛 관리들이 눈물을 쏟으며 넘던 고갯길이다.

대체 이 힘든 길을 왜 걸어야 하냐고 묻는다면 역시 대답은 '일단 걸어보라'다. 우선 이 길의 시작점을 대관령마을휴게소로 삼으면 하등 힘들 것이 없다. 산을 내려가는 길이기 때문이다. 야생화와 물소리, 새소리, 바람소리에 취해 걷다보면 어느덧 주막이 나오고 계곡이 시원하게 흐른다. 이토록 멋진 풍경을 마주하고도 서럽게 울며 이 고갯길을 걸었다는 옛 사람들. 그 마음을 어찌 헤아릴 수 있을까. 우리는 그저 보고 웃고 쉬고, 그리고 씩씩하게 걸을 뿐이다. 봄, 여름, 가을, 겨울 모두 다른 풍경의 옛길 위에서.

알고 가면 더 좋다

대관령옛길의 코스는 대관령마을휴게소→풍해조림지(2.2km)→국사성황당(0.3km)→반정(1.9km)→옛주막터(3.2km)→우주선 화장실(1.5km)→어흘리(1.3km)→바우길 게스트하우스(3.6km). 총 14킬로미터로 소요시간은 5~6시간이다. 벅차다 싶으면 어흘리에서 대관령박물관으로 빠져도 된다. 대관령박물관 앞에서 시내로 나가는 버스가 30분에 한 대꼴로 다닌다.

대관령박물관을 기점으로 거꾸로 올라가는 방법도 있지만, 경사 때문에 걷기에 힘이 들고 대관령마을휴게소에 닿았을 때 대기 중인 차가 없으면 다시 시내로 가기 어렵다.

대관령옛길의 정상부 높이는 865미터. 옛 고속도로 큰길을 거쳐 신사임당 사친비와 단원 김홍도의 대관령 그림 등을 지나 2시간 정도 가면 반정이다. 반정 바로 옆으로 차도가 나 있어 조심해야 한다. 반정을 지나면 나오는 주막터에는 초가집과 물레방아 등이 복원되어 쉬어가기 좋다.

어흘리마을에 거의 닿을 때쯤 계곡이 나온다. 계곡 근처에는 펜션과 식당들이 모여 있다.

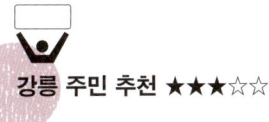
강릉 주민 추천 ★★★☆☆

"그 어떤 길보다 역사적으로 의미가 큰 길이지요. 옛날에는 겨울에 대관령을 넘다가 얼어 죽는 사람도 많았어요. 그래도 어쩔 수 없이 넘어야 했던 길이지요. 현재는 중간중간 나무 데크가 깔렸고 주로 위에서 아래로 내려오기 때문에 쉽고 즐겁게 걸을 수 있어요."

- **주소** 평창군 대관령면 경강로 5721 대관령마을휴게소
- **입장시간** 산불방제기간 및 일몰 후에는 입장 제한
- **입장료** 없음
- **평균 소요시간** 6시간
- **문의** 033-645-0990

산중의 아담한 만물상
대관령박물관

대관령으로 넘어가는 길목 초입에는 고인돌을 형상화한 건물이 있다. 이름은 대관령박물관. 열에 아홉은 '대관령과 관련한 유물을 전시한 곳인가보다' 생각한다. 그러나 이곳은 개인이 수집한 고미술품이 가득한 공간이다. 평생 고미술품을 모아온 홍귀숙 씨가 1993년 문을 열고 2003년 강릉시에 기증한 곳으로 1000여 점의 유물이 여섯 개 전시관에 전시되어 있다. 옹관, 석검, 토기 등 선사유물과 신라시대 토우, 토기를 비롯해 고려시대 목불, 청자, 청동 주전자와 정병, 조선시대 목기, 목각인형, 백자, 민화 등 다채로운 유물들이 관람객을 맞이한다. 야외에도 장승과 동자석, 문관석과 남근석, 석탑 등이 서 있다.

사실 대관령박물관에서 '꼭 봐야 할 전시물'이라든가 '인상적인 유물' 같은 것은 없다. 그러나 차분하고 얌전한 박물관은 관람객의 마음을 평온해지도록 하는 재주가 있다. 여타 박물관처럼 정신없이 북적이지 않은 데다 조도도 어둡고 천장도 낮은 편이라 명상을 해도 손색없는 분위기다. 박물관이 아닌 잠들어 있는 수장고를 구경하는 느낌이랄까. 이곳은 때로 대관령옛길의 입구이자 출구가 된다. 산중의 박물관을 굳이 찾는 사람은 많지 않을 것이다. 그러나 이곳이 마냥 외롭게 느껴지지 않는 이유는 고개를 지키는 수문장 같은 우직함 때문이리라. 옛길을 걸을 마음가짐, 혹은 다 걷고 난 후의 소고를 정돈하는 데 이만한 장소도 없을 듯하다.

알고 가면 더 좋다

박물관 해설사가 상주하고 있어 매시 정각에 설명을 들으며 전시를 관람할 수 있다.

전시장은 테마에 따라 백호방, 청룡방, 주작방, 토기방, 우리방, 현무방으로 나누어져 있다. 전시장마다 전시물은 물론 방의 인테리어나 분위기가 다르다.

박물관 뒤편 주차장 쪽으로 대관령옛길로 오르는 길이 나 있다. 대관령옛길을 걷다가 박물관 쪽으로 내려올 때와 같은 길이다. 대관령옛길이 어떤지 맛만 보고 싶다면 박물관 뒷길로 올라가 계곡까지 걸어갔다 와보자.

대관령박물관의 정원인 야외전시관의 조경이 잘되어 있다. 물레방아와 여러 석조물을 감상하는 재미가 있으니 박물관 앞뜰과 뒤뜰 모두 돌아보자.

고인돌을 형상화한 박물관 건물은 한국건설협회와 설계사협회에서 선정한 우수건축상과 강원도 최우수상을 수상한 건축물이다.

강릉 주민 추천 ★★☆☆☆

"대관령 어귀에 묵묵하게 자리하고 있는 작은 박물관입니다. 외관도 내관도 튀지 않아 누구나 편하게 다가갈 수 있는 소탈한 친구 같은 느낌이에요."

- **주소** 강릉시 성산면 대관령옛길 1
- **입장시간** 9:00~18:00, 매년 1월 1일과 명절 당일 휴관
- **입장료** 1000원
- **평균 소요시간** 1시간
- **문의** 033-660-3830, www.daegwallyeongmuseum.gn.go.kr

'강릉산 원두'의 본거지
커피박물관

'커피의 도시'로 자리매김한 강릉에는 300개가 넘는 카페가 있고 다수의 카페가 직접 로스팅을 해 신선하고 맛있는 커피를 내놓고 있다. 이쯤에서 궁금한 게 하나 생긴다. 그렇다면 강릉산 커피는 없을까? 그러니까 강릉 땅에서 수확한 커피콩은 없는지 궁금해지는 것이다. 정답은 있다. 비록 양이 적어 맛보기 쉽지 않지만 어쨌든 커피나무는 지금도 빨갛고 탐스러운 열매를 맺고 있다.

커피농장이 위치한 곳은 대관령 기슭의 커피박물관이다. 커피농장과 커피박물관, 카페가 나란히 자리해 하나의 커피단지를 이룬다. 박물관은 커피의 역사와 커피와 관련한 각종 도구를 전시해 커피에 대한 이해를 돕고 로스팅과 핸드드립, 에스프레소 추출 등의 체험을 할 수 있도록 체험관도 따로 마련했다. 커피농장 또한 관람객 모두에게 개방해 실제 커피나무를 볼 수 있고 원하는 이들은 유료로 커피나무 묘목 심어볼 수 있다. 봄과 여름에는 커피꽃을 볼 수 있으며 해마다 5월과 7월 사이에는 커피나무축제를 진행해 볼거리를 제공한다.

이제껏 커피를 마시는 '실전'에만 익숙했던 이들이라면 이곳에서 커피에 대한 '이론'을 어렵지 않게, 그리고 풍부하게 얻어갈 수 있을 것이다. 무엇보다 대관령 기슭에서 커피향을 맡으며 삼림욕을 하는 색다른 경험은 이곳에서 누릴 수 있는 가장 큰 장점일 것이다.

알고 가면 더 좋다

커피박물관은 강릉에 6개 지점을 갖춘 커피하우스인 '커피커퍼'에서 세운 곳으로 국내에서 가장 오래된 26년산 커피나무가 자라고 있다.

박물관은 커피로스팅관, 커피그라인더관, 커피추출기구관, 에스프레소역사전시관, 커피 소품 전시관 등 총 다섯 개의 전시관으로 구성되어 있다.

커피체험관에서는 로스팅과 핸드드립, 에스프레소 추출, 초콜릿 만들기 등을 할 수 있다. 커피농장에서 발아된 어린 묘목을 분갈이하고 심어보는 커피나무 심기는 이곳에서만 할 수 있는 이색 체험이다. 체험비는 1만 원 정도를 내야 한다.

강릉 시내에서 커피박물관까지 가는 버스는 507번이다. 하루에 세 대만 운영하므로 시간을 잘 맞춰야 한다. 낮 12시경에 하나대투증권 건물 앞을 지나는 버스를 타는 게 제일 낫고, 왕산리정류장에서 내리면 된다. 다시 시내로 가는 버스는 저녁 7시쯤에 있다. 시간이 애매하니 성산면에서 택시를 타고 올라갔다 내려오는 것도 방법이다.

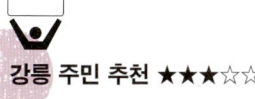

강릉 주민 추천 ★★★☆☆

"커피나무를 볼 수 있는 기회는 흔치 않잖아요. 대관령 기슭에서 자라는 커피나무를 볼 수 있는 것만으로도 한 번쯤 가볼 만한 곳이에요."

- **주소** 강릉시 왕산면 왕산로 2171-19
- **입장시간** 10:00~19:00
- **입장료** 5000원
- **평균 소요시간** 2시간
- **문의** 033-655-6644

내 안의 멍에를 벗어내는 푸른 고원
안반데기

안반데기에서 배추 농사를 짓는 분들은 말한다. "한낱 배추밭이 뭐라고들 와서 구경하는지 모르겠다"고. 그렇다. 이곳은 배추밭이다. 그러나 이곳이 '한낱' 배추밭이라는 사실은 기막힌 풍광 속에 쉽게 잊히곤 한다. 구름도 쉬었다 가는 해발 1100미터 고랭지, 끝도 없이 이어지는 푸른 들판, 안개비를 맞으며 자란 초록잎이 발산하는 특유의 신선한 향은 배추가 아니었으면 어림도 없었다. 그러니까 감자밭이나 무밭이었다면 이 아름다운 풍경은 조금 달라졌을 것이다.

배추밭에서 힐링하고 간다는 게 좀 우습게 들릴 수도 있겠지만 높고도 드넓은 배추밭을 발치에 두고 구름 사이를 걷다보면 '이것이 신선놀음'이라는 감탄이 절로 나온다. 그래봤자 배추도사 아니겠느냐는 우스갯소리는 접어두고 배추밭 꼭대기에 지어진 정자 '멍에전망대'에 올라보자.

안개와 구름은 걸음보다 빠른 속도로 온몸을 스쳐 지나가고 푸른 배추로 뒤덮인 고랭지는 수없이 많은 고랑을 안고 평창으로 넘어가는 고개 너머까지 펼쳐진다. 그리고 그 끝에 훠이훠이 돌아가는 풍력발전기가 보인다. 이토록 멋진 배추밭은 이전에 없었다. 이렇게 이국적인 고랭지라면 이곳이 한국이 아니라고 우겨도 기꺼이 믿어줄 수 있다. 딱 반나절만 쉬었다 가자. 앞으로 꽤 오랫동안 배추김치를 먹을 때마다 안반데기의 풍경이 떠오를 것이다.

알고 가면 더 좋다

안반데기에서 '안반'은 떡메로 쌀을 칠 때 쓰는 오목하고 넓은 통나무 판이다. 우묵하면서 널찍하게 생긴 마을 지형이 안반을 닮았다 하여 여기에 '덕(고원의 평평한 땅을 뜻하는 우리말 '더기'의 준말)' 자를 붙여 부르던 것이 이름이 되었다.

8월쯤에 가면 가장 푸르른 안반데기를 만날 수 있다. 보통 추석 이후로는 배추를 수확하기 때문에 가을에는 조금 황량하게 느껴질 수도 있지만, 또 그 나름의 멋이 있다. 겨울에 가면 눈이 쌓여 색다른 풍경을 연출한다.

산을 개간해 만든 180제곱미터의 드넓은 배추밭은 1960년대 대관령 일대 화전민들이 이곳에 밭을 일구면서 시작됐다.

안반데기에서는 산비탈에 배추를 심다보니 농기계가 옆으로 넘어가는 경우가 종종 있어서 경사가 심한 곳은 소가 밭을 간다. 멍에전망대의 '멍에'는 소가 달구지, 쟁기 등을 끌 때 목에 거는 막대를 뜻한다.

안반데기 부근에는 식당이 거의 없으니 주전부리를 싸가는 게 좋다. 멍에전망대 올라가는 초입에 카페 겸 매점이 하나 있다.

강릉 주민 추천 ★★★★☆

"화창한 날이든 흐린 날이든, 또 아침이든 저녁이든 그때마다 색다른 풍광으로 사람들에게 감동을 주는 곳이에요. 이곳에서 할 수 있는 일은 그저 앞을 바라보는 일뿐이지만 그 자체가 오랜 시간 마음속에 남는 추억이 됩니다."

- **주소** 강릉시 왕산면 안반덕길 428
- **입장시간** 없음
- **입장료** 없음
- **평균 소요시간** 머무르는 만큼
- **문의** 070-8849-4664

| 여기도 한번 가보세요 |

할머니가 한평생 쌓은 돌탑길
노추산 모정탑길

그 기원을 알면 "말도 안 돼!" 하고 여러 번 놀라게 되는 돌탑길이 있다. 걷고 또 걸어도 계속 나타나는 돌탑들은 26년에 걸친 한 어머니의 모정母情에서 비롯된 것이다. 2011년 세상을 떠난 차옥순 할머니는 네 명의 자식 중 1남 1녀를 잃고 나서, 꿈에서 돌탑 3000개를 쌓으면 집안이 화목해지고 우환이 없어질 것이라는 산신령의 말을 듣고 1986년부터 돌탑을 쌓기 시작했다. 그렇게 쌓은 돌탑들이 세상을 놀라게 했고 여러 번 방송에 나가 화제가 되었다. 강릉시는 이 돌탑길을 '모정탑길'이라 이름 붙이고 돌탑 체험장과 야영장을 꾸며 관광지로 만들었다. 돌탑길에는 할머니가 머물던 작은 오두막도 있다. 허술한 비닐 천막을 바라보노라면 신산했던 한 여인의 삶이 떠올라 뭉클하다. 돌탑길이 난 노추산은 소나무와 단풍나무가 빽빽해 산 자체의 경관만으로도 한번 가볼 만한 곳이다.

- **위치** 강릉시 왕산면 대기리 노추산
- **문의** 강릉국유림관리소 033-660-7705

| 여기도 한번 가보세요 |

깊은 산중의 오래된 사찰
보현사

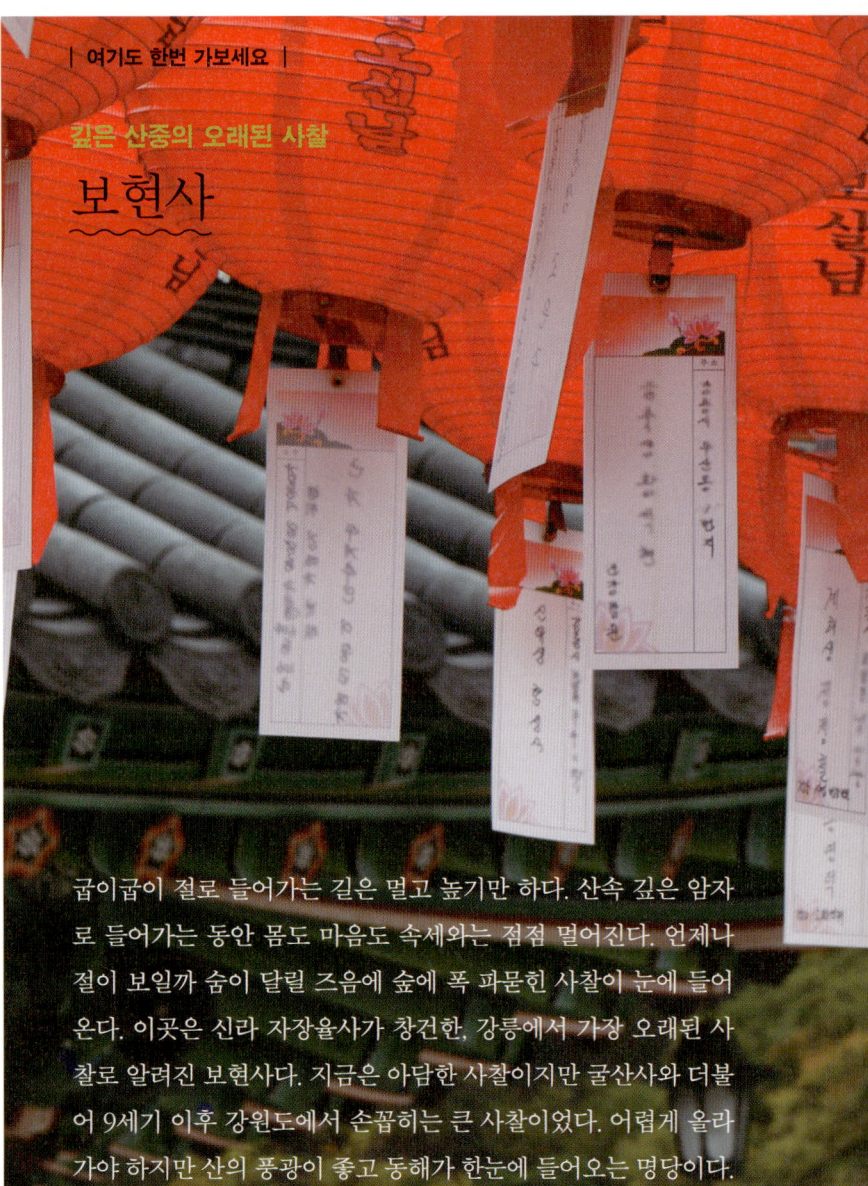

굽이굽이 절로 들어가는 길은 멀고 높기만 하다. 산속 깊은 암자로 들어가는 동안 몸도 마음도 속세와는 점점 멀어진다. 언제나 절이 보일까 숨이 달릴 즈음에 숲에 폭 파묻힌 사찰이 눈에 들어온다. 이곳은 신라 자장율사가 창건한, 강릉에서 가장 오래된 사찰로 알려진 보현사다. 지금은 아담한 사찰이지만 굴산사와 더불어 9세기 이후 강원도에서 손꼽히는 큰 사찰이었다. 어렵게 올라가야 하지만 산의 풍광이 좋고 동해가 한눈에 들어오는 명당이다. 고요한 경내에서 바람이 스치자 처마 끝 풍경이 유독 맑고 청아한 소리를 낸다. 보현사에서는 2005년에 10세기 것으로 추정되는

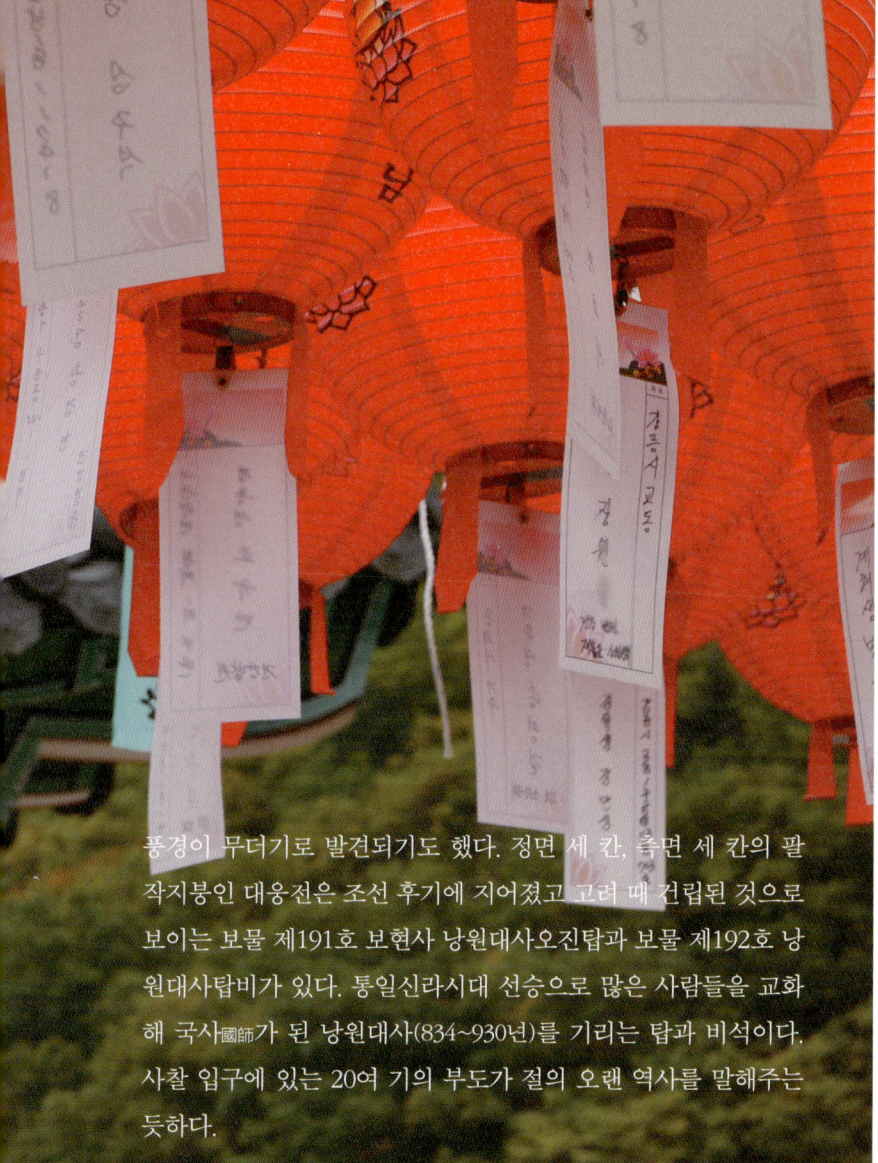

풍경이 무더기로 발견되기도 했다. 정면 세 칸, 측면 세 칸의 팔작지붕인 대웅전은 조선 후기에 지어졌고 고려 때 건립된 것으로 보이는 보물 제191호 보현사 낭원대사오진탑과 보물 제192호 낭원대사탑비가 있다. 통일신라시대 선승으로 많은 사람들을 교화해 국사國師가 된 낭원대사(834~930년)를 기리는 탑과 비석이다. 사찰 입구에 있는 20여 기의 부도가 절의 오랜 역사를 말해주는 듯하다.

● **위치** 강릉시 성산면 보현길 396
● **문의** 033-648-9431

무엇을 먹을까

대굴령민들레동산

민들레를 이용한 약선음식을 내는 집이다. 민들레 특유의 쓴맛을 없애고 향과 식감을 살려 지은 민들레돌솥밥 특정식이 대표 메뉴다. 민들레백숙과 민들레수육도 괜찮다. 효소로 맛을 내며 민들레뿐 아니라 질경이, 방풍 등으로도 돌솥밥을 짓는다. 자주 접할 수 없는 천연재료로 건강한 음식을 내기 위해 노력하는 집이다. 건물의 외관이 식당 같지 않아 쉽게 지나칠 수 있다.

- **가는 길** 성산삼거리에서 구산길을 따라 자동차로 3분 거리, 대관령박물관 인근
- **주소** 강릉시 성산면 성연로 17
- **문의** 033-644-8862
- **휴일** 명절 당일

작은식당835

모던한 건물이 돋보이는 집이다. 내부 역시 깔끔한 인테리어로 소개팅을 해도 괜찮을 법한 분위기다. 한적한 시골마을에 자리 잡고 있어 더 눈에 띈다. 매운갈비찜이 대표 메뉴로 매콤한 양념에 부드러운 육질이 입맛을 당긴다. 매일 오후 3시~5시는 준비 시간이다.

- **가는 길** 성산먹거리촌에서 구산교와 산북교 건너 100미터 직진 후 왼쪽
- **주소** 강릉시 성산면 칠봉로 39
- **문의** 070-8881-9326
- **휴일** 매주 화요일

무엇을 먹을까

숲속집

순댓국밥의 진한 국물맛으로 강릉 전역에 소문이 난 맛집이다. 돼지 뼈를 우려낸 뽀얀 국물은 느끼하지 않고 구수하며 듬뿍 넣어주는 순대와 돼지부속도 잡내 없이 맛있다. 새우젓과 부추무침과의 궁합이 괜찮다.

- **가는 길** 성산먹거리촌에서 구산교 건너 근방
- **주소** 강릉시 성산면 칠봉로 15-7
- **문의** 033-641-9122
- **휴일** 첫째주, 셋째주 일요일

옛카나리아

오래된 건물에 자리한 대구머리 찜 집이다. 맵지만 감칠맛 나는 양념에 쫀득쫀득하고 담백한 대구머리와 콩나물, 미더덕, 두부 등이 버무려져 있다. 양념에 밥을 비벼 먹어도 그만이다.

- **가는 길** 성산삼거리 전 성산모텔 앞
- **주소** 강릉시 성산면 구산길 74
- **문의** 033-641-9502
- **휴일** 연중무휴

성산기사가든

직접 담근 청국장이 맛있는 집. 자극적이고 짜지 않으며 구수해 집에서 어머니가 담근 청국장처럼 익숙하고 건강한 맛이다. 웬만해선 맛없는 집이 없다는 '기사식당'에 관한 속설을 증명하듯 함께 나오는 밑반찬도 솜씨가 좋다.

- **가는 길** 성산면사무소 맞은편
- **주소** 강릉시 성산면 구산안길 1
- **문의** 033-641-9693
- **휴일** 첫째주, 셋째주 일요일

나들이생오리숯불구이

오리구이를 전문으로 하는 집이지만 오리들깨탕도 맛있다. 들깨를 넣은 진한 국물에 부추와 두부, 오리고기가 듬뿍 들었고 밥을 말아 먹으면 보양식을 먹은 듯 속이 든든하다. 특히 손님 응대가 친절해서 오랜 단골이 많고 혼자 가서 밥을 먹어도 부담이 없다.

- **가는 길** 성산파출소 앞
- **주소** 강릉시 성산면 구산강변길 76
- **문의** 033-644-2332
- **휴일** 첫째주, 셋째주 일요일

어디서 쉴까

라뽐므

대관령옛길이 난 어흘리마을에 자리한 베이커리 카페다. 이 일대에 카페가 없어 간단하게 요기하며 쉬어가기 좋다. 직접 만든 차와 빵 맛이 도심에 있는 카페 못지않은 수준이다.

- **가는 길** 대관령옛길 등산로 초입 (대관령박물관 방향)에서 700미터
- **주소** 강릉시 성산면 대관령옛길 89
- **문의** 033-643-3614
- **휴일** 매주 월요일

안반데기카페

안반데기에 위치한 매점을 겸한 작은 카페다. 커피는 시판 원두커피를 내주는 정도라 맛을 기대할 수는 없지만 고지대라 여름에도 서늘한 안반데기에서는 더없이 반가운 공간이다. 컵라면과 과자 등 간식을 판매한다.

- **가는 길** 안반데기 멍에전망대 진입로
- **주소** 강릉시 왕산면 안반덕길 428
- **문의** 070-8849-4664
- **휴일** 연중무휴

커피커퍼 왕산점

커피박물관 앞에 있는 카페로 산속에 파묻혀 있지만 갓 로스팅한 신선한 커피를 내 커피 맛이 좋은 집이다. 공간이 넓고 쾌적하며 커피를 무료로 리필해준다. 박물관이 문을 여는 오전 9시 30분에 영업을 시작해 오후 7시에 영업을 종료한다. 커피박물관을 둘러보고 쉬어가기에 좋다.

- **가는 길** 커피박물관 내에 위치
- **주소** 강릉시 왕산면 왕산로 2171-19
- **문의** 033-655-6644
- **휴일** 연중무휴

어디서 잘까

운유촌

안반데기에 위치한 '화전민 체험촌'으로, 화전민이 살던 너와지붕의 귀틀집을 복원했다. 옛 모습 그대로 재현해 아궁이에 불을 때고 가마솥에 감자를 삶아 먹을 수도 있다. 통나무와 흙으로 지은 집에서 하룻밤 자보는 특별한 체험을 제공한다.

- **가는 길** 안반데기 올라가는 길 중턱에 위치
- **주소** 강릉시 왕산면 안반덕길 428
- **예약 및 문의** 033-655-5119

바우길게스트하우스

대관령옛길 끝자락에 위치한 펜션식 게스트하우스. 숙박비를 내면 저녁과 아침에 식사도 할 수 있다. 바우길 여행자를 위한 저렴하고 편안한 숙소.

- **가는 길** 대굴령마을 내
- **주소** 강릉시 성산면 성연로 17
- **예약 및 문의** 033-648-0406

대관령초록향기펜션

어흘리마을 입구에 있는 작은 펜션으로 카페와 함께 운영한다. 산속 마을이라 여유로운 분위기가 넘친다. 대관령옛길을 걸을 때 묵어가면 좋다.

- **가는 길** 성산면 어흘리마을회관에서 대관령옛길 방면으로 약 1킬로미터
- **주소** 강릉시 성산면 대관령옛길 89
- **예약 및 문의** 033-643-3614, www.greenparfum.com

대관령자연휴양림

전국에서 최초로 조성된 국립자연휴양림으로 울창한 소나무 숲에 나무로 지은 예쁜 목조주택들이 들어서 있다. 5인실, 7인실, 10인실 등 가족 단위로 들어갈 만하고 모두 독채다. 생태 체험도 할 수 있고 경관도 아름다워 인기가 많다.

- **가는 길** 대관령박물관에서 대관령 방면 도로 따라 자동차로 10분 거리
- **주소** 강릉시 성산면 삼포암길 133
- **예약 및 문의** 033-641-9990

| 커피의 도시 제대로 즐기는 법 |

이제 마시지만 말고 만들어보자

강릉에서 바리스타 되기

강릉은 자타가 인정하는 국내 최고의 커피 도시다. 많은 바리스타들이 이곳을 거쳐 갔고 커피 애호가들 또한 강릉으로 커피를 마시러 온다. 22만 인구의 중소도시에 카페만 300여 개. 숱하게 마주치는 스타벅스의 전국 지점수가 400여 개임을 떠올린다면 분명 높은 수치다. 강릉이 커피의 도시로 명성을 떨치기까지는 여러 가지 조건이 들어맞았다. 안목해변에서 자판기 커피가 인기를 얻으면서 '길카페'가 형성됐고, 2000년 강릉에 터를 잡은 바리스타 박이추 선생을 위시로 커피 장인들이 강릉으로 몰려들었다. 이어 2002년 문을 연 테라로사가 이른바 커피공장으로 명성을 떨쳤다. 그러자 강릉 전역에는 카페와 커피아카데미, 커피박물관 등이 속속 생겨났다. 2009년부터는 대대적인 커피축제가 시작돼 매년 규모를 더해가는 중이다.

강릉에서 커피 마시는 것으로 뭔가 성에 차지 않는 이들이라면 커피 체험을 하고 가자. 시에서 운영하는 명주사랑채를 비롯해 많은 카페에서 단기적인 커피 체험 프로그램을 운영한다. 혹 강릉에서 오래 머물 예정이거나 꼭 강릉에서 바리스타가 되고 싶은 이들이라면 장기적인 커피 교육을 받아보는 것도 괜찮다. 박이추 선생이 강사진으로 참여하는 강릉커피아카데미는 강릉 내 대표 커피교육강좌다. 매년 2월부터 6월까지 20주간 커피전문가과정 수업을 들을 수 있다. 아래 소개하는 커피아카데미는 장기적으로 커피 강좌를 진행하는 곳들이다.

- **강릉 커피아카데미** 033-653-0037
- **강릉도립대학 바리스타아카데미** 033-660-8141
- **폴리텍Ⅲ대학 커피아카데미** 033-610-6121
- **동방커피학교** 033-645-5780
- **강릉시 여성문화센터 커피강좌** 033-660-3288
- **여성 새로일하기센터 커피강좌** 033-643-1148

05 소금강·주문진권

건강한 기운을 얻는 강릉

산과 바다의 건강한 기운을 얻는 길

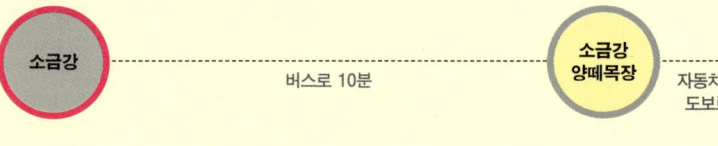

소금강 ---- 버스로 10분 ---- 소금강 양떼목장 ---- 자동차로 15분, 도보로 1시간

현덕사 ---------- 버스로 1시간 ---------- 주문진

걷기 난이도 ★★★☆☆

소금강을 등산해야 하기 때문에 약간의 체력이 필요하다. 소금강을 제외하고는 대부분 걷기 어렵지 않은 길이다.

언제 가면 좋을까

봄과 가을. 연둣빛 새싹을 틔우는 봄과 단풍이 물드는 가을의 소금강은 매우 아름답다. 다른 곳은 언제 가도 괜찮고 향호는 갈대가 피는 늦가을이 좋다.

본격적인 여행에 앞서

1. 제시된 코스는 동선에 따라 엮은 코스이나 하루 안에 모든 곳을 돌기에는 무리가 따른다. 차가 있어도 한 군데 정도는 빼야 각 장소를 충분히 돌아볼 수 있다. 소금강은 오전에 올라갔다 내려오는 게 좋다.

2. 소금강 양떼목장은 숙박을 겸하는 곳이다. 체험만 할 예정이라면 낮에 가도 상관없지만 이곳에서 잠을 잘 예정이라면 가장 마지막 일정으로 넣자. 양떼목장 체험은 잠을 자고 다음 날 아침에도 할 수 있다. 마찬가지로 현덕사에서도 템플스테이를 할 수 있기 때문에 절에서 묵어갈 예정이라면 현덕사를 가장 마지막 일정으로 하자.

3. 시내에서 소금강까지 가는 버스 303번은 시외버스터미널, 강릉역, 신영극장 앞에서 타면 된다. 소금강까지 평균 소요시간은 1시간 30분이다. 주문진 방향으로 가는 300번, 301번, 302번, 305번을 타고 연곡면사무소 앞에서 하차해 303번으로 갈아타는 방법도 있다.

이것만은 꼭

★ **식당암에서 도시락이나 간식을 먹자.** 소금강의 기암괴석 중 하나인 식당암은 마치 '이 자리에서 밥을 먹으시오' 하고 자연이 마련해준 공간 같다. 배가 안 고프다면 좀더 올라가 구룡폭포 앞을 추천한다.

★ **양과 함께 셀카를.** 소금강 양떼목장에서는 양들과 함께 방목장 안에서 놀 수 있다. 양과 나란히 얼굴을 맞대고 '셀카'를 찍어보자. 아주 재미있는 추억 하나가 만들어질 것이다.

★ **주문진 해안길 산책.** 주문진은 수산시장도 볼 만하지만 해안길 산책도 좋다. 영진해변부터 소돌항까지 걸어보자. 아무 가림도 없이 탁 트인 바다 풍경을 만끽할 수 있다. 이왕이면 영진해변 근처 보헤미안에서 뜨거운 커피와 아침식사를 한 후 천천히 항과 항 사이를, 해변과 해변 사이를 거닐어보길.

★ **해산물, 배불리 먹기.** 주문진수산시장 맞은편 어민시장에서는 생선, 새우 등의 숯불구이를 노천에서 판매하고, 회센터나 해변을 바라보는 분위기 좋은 횟집은 주문진항 쪽에 모여 있다. 어느 곳이든 좋으니 신선한 제철 해산물을 배부르게 먹어보자.

★ **여름에는 계곡에 발 담그기, 겨울에는 절에서 별 보기.** 더운 여름날 소금강 계곡, 편편한 바위 하나 골라 앉아 발 담그고 있는 것만큼 탁월한 피서도 없다. 별이 잘 보이는 겨울에는 현덕사에서 템플스테이를 하며 별도 보고 맷돌로 갈아내린 따뜻한 커피도 마셔보자.

향호

보헤미안

어사부크루즈

율곡선생이 감탄한 작은 금강산

소금강

소금강이라는 이름을 처음 들은 그 누구도 소금강이 산인 줄은 짐작도 못 했을 것이다. "소금이 많은 강인가?"라고 되묻기 십상이다. 소금강은 '작은 금강산'이라는 뜻으로 불리게 된 오대산 동쪽 한 자락, 정확히는 오대산국립공원 소금강지구이다. 율곡이 금강산 못지않은 비경이라고 감탄하며 소금강이라 이름을 붙였다. 현대에도 아름다움을 보존한 덕에 1970년 대한민국 명승 제1호로 지정되기도 했다.

산은 기암들이 곳곳에 붙박이 가구처럼 자리해 굉장히 웅장한 느낌이다. 진입로는 풍부한 수량을 자랑하는 계곡이 맞이한다. 폭도 넓고 물소리도 장쾌해서 바라만 봐도 시원하다. 계곡을 몇 차례 건너고 기암절벽에 감탄하며 걷다보면 소금강의 응접실이라 할 수 있는 식당암이 나온다. 신라 마의태자 군사들이 훈련하며 밥을 먹었다 해서 생긴 이름이다. 수십 명이 동시에 앉을 수 있는 널찍한 화강암 바위가 계곡 옆에 단단하게 자리한 위용은 대리석 식탁도 부럽지 않다. 식당암을 지나 대왕폭포와 세심폭포 등 크고 작은 폭포를 지나면 소금강의 클라이맥스인 구룡폭포다. 아홉 마리의 용이 폭포 하나씩을 차지했다는 전설이 전해질 만큼 폭포는 여러 굽이로 힘차게 떨어진다. 그 위세에 한동안 자리를 뜰 수가 없다. 폭포까지 보았다면 조금 더 올라가도 좋고 다시 내려가도 좋다. 올라가든 내려가든 후회는 없을 것이다.

알고 가면 더 좋다

• 대개 관광객들은 소금강 입구에서 구룡폭포까지 갔다 다시 내려온다. 이 경우 왕복 6킬로미터로 네 시간 정도면 충분하다. 구룡폭포에는 공원지킴터가 있어 관리인이 입산자들에게 어디까지 올라갈 것인지 묻는다. 조금 욕심을 낸다면 만물상까지 가보는 것도 좋다. 노인봉(해발 1338미터)까지 올라가고 싶다면 아침 일찍 서두르고 하루를 모두 소금강을 오르는 데 쓴다고 생각해야 한다.

소금강이 있는 오대산국립공원은 강릉시, 평창군, 홍천군 등 세 지역에 걸쳐 있다. 오대산은 다섯 개의 봉우리(호령봉, 비로봉, 상

황봉, 두로봉, 동대산)가 있다고 해서 붙여진 이름이다. 유명한 사찰인 월정사와 상원사는 평창에 속한다. 오대산 최고봉인 비로봉은 해발 1563미터다.

소금강 계곡은 피서의 명소이기도 하다. 한여름에는 피서객이 몰려와 물에 발을 담그고 더위를 피하곤 한다. 계곡 옆에 야영장이 마련되어 있다.

버스를 타고 왔다면 다시 돌아갈 버스 시간을 체크하고 산에 오르도록 하자. 버스가 1시간에 한 대꼴로 오기 때문에 시간을 잘못 맞추면 오래 기다릴 수 있다. 막차시간은 저녁 8시 40분이다.

소금강 입구에 오대산관리사무소 소금강 분소가 있다. 이곳에서 오대산 지도와 참고할 만한 자료를 얻어가자.

소금강으로 들어서는 6번 국도변에는 연곡천이 흐른다. 연곡천 또한 피서객이 몰리는 곳. 은어, 꺽저기, 산천어 등 1급수에서만 서식하는 민물고기들이 많이 살고 있다.

사진 찍기 좋은 장소는 식당암과 구룡폭포. 울긋불긋한 가을이 예쁘다.

강릉 주민 추천 ★★★★☆

"대체 금강산이 얼마나 아름답기에 이토록 절경인 산을 소금강으로 칭했을까요? 금강산을 보지 않은 한 남한 제일의 산이 아닐까 싶습니다."

- **주소** 강릉시 연곡면 부연동길 753-13
- **입장시간** 산불방지 기간 및 일몰 후 입산 금지
- **입장료** 없음
- **평균 소요시간** 3시간 30분
- **문의** 033-661-4161

양을 몰고 만져보는 체험 목장
소금강 양떼목장

양떼목장 하면 자연스럽게 대관령이 떠오른다. 그런데 소금강 어귀에도 양떼목장이 있다. 대관령 일대에 자리한 목장들이 양에게 먹이를 줄 수 있는 것에만 그치는 반면 소금강 양떼목장은 방목장 안으로 들어가 양을 만지고 양과 함께 뛰어놀 수 있다. 다른 목장에 비해 규모는 작지만 양들이 노니는 목장 풍경은 크게 다를 바가 없다.

시작은 양떼를 몰아오는 것부터다. 축사에 있는 양들이 낙오하지 않고 방목장까지 들어갈 수 있도록 전방을 수비해야 한다. 양떼를 무사히 울타리 안으로 몰아넣은 다음에는 밥도 주고 쓰다듬어도 보고 달리기 시합도 할 수 있다. 순한 녀석들은 기념사진을 찍으라고 등을 빌려주기도 한다. 양에게 스트레스를 줄 수 있으니 진짜 타지는 말고 살짝 타는 척만 하자. 강아지처럼 작은 아기양은 안아볼 수도 있다. 사료가 든 밥통을 들고 있으면 수십 마리의 양에게 포위되는 건 한순간이다. 이렇게 한참을 놀다보면 양 한 마리 한 마리의 성격도 파악된다. 위계질서가 철저한 양 무리에서 '대장 양'을 발견하는 일도 어렵지 않다. 유럽의 지붕인 스위스 알프스에서도 양과의 만남은 쉽지 않다. 이곳에서 마음껏 양치기 소년이 되어볼 일이다. 소금강 양떼목장은 폐교를 이용한 게스트하우스도 함께 운영하고 있어 학교에서 잠을 자는 듯한 색다른 체험을 할 수 있다.

알고 가면 더 좋다

소금강 양떼목장에서는 악천후를 제외하면 사계절 언제나 양떼를 만날 수 있다. 40여 마리의 양이 이곳 목장에서 살고 있다. 양은 주로 겨울철에 출산하기 때문에 겨울에 양떼목장에 가면 인형같이 귀여운 어린 양을 만날 수 있다.

양떼 방목체험 외에도 치즈 만들기, 피자 만들기, 초콜릿 만들기 등의 유료 체험 프로그램도 준비되어 있다. 치즈는 4인 이상일 때, 피자와 초콜릿은 2인 이상일 때 만들어볼 수 있다.

숙박할 경우 프로그램에 따라 가격이 나뉜다. 기본적으로는 아침 식사와 양떼 체험을 할 수 있다. 저녁식사로 바비큐를 신청하거나 치즈 만들기 같은 체험을 하려면 추가 비용이 발생한다.

초등학교였던 자리라 넓은 운동장과 매점이 있고 한편에는 썰매장도 갖추었다. 도보로 5분 거리가 소금강에서 내려오는 계곡이며 소금강 입구와 현덕사까지 차로 10분이면 갈 수 있다.

강릉 시내에서 바로 가는 버스는 303번과 304번이다. 304번 버스는 소금강 매표소와 꽤 거리가 있으니 등산을 목적으로 한다면 소금강을 종점으로 하는 303번을 타는 것이 낫다.

강릉 주민 추천 ★★★☆☆

"소금강을 구경한 후 이곳에 와서 양떼 체험을 하거나 숙박을 하면 완벽한 소금강 일주가 되죠. 또 대관령 양떼목장에서 양들과의 교감이 2% 부족했다고 느꼈다면 소금강 양떼목장이 훌륭한 대안이 될 거예요."

- **주소** 강릉시 연곡면 진고개로 1321
- **입장시간** 9:00~18:00(하절기), 9:00~17:00(동절기)
- **입장료** 체험에 따라 3000원~1만5000원
- **평균 소요시간** 2시간
- **문의** 033-661-3395, www.psheep.kr

커피콩 볶는 사찰

현덕사

현덕사는 1999년에 창건된 젊은 절이다. 단청부터가 '새것'의 느낌이 채 가시지 않은 이 사찰이 특별한 까닭은 '커피'가 있기 때문이다. 사찰과 커피, 굉장히 신선한 조합이다. 주지인 현종 스님은 그야말로 커피마니아이자 현덕사의 바리스타다. 스님은 프라이팬에 커피를 볶고 맷돌로 커피를 간다. 거대한 로스터기에서 볶는 커피콩, 그라인더에 분쇄되는 커피콩만 보아온 사람들은 이 생소한 광경에 눈을 떼지 못한다. 사찰은 금세 커피콩 볶는 향으로 가득하다. 절에서 마시는 커피는 과연 어떤 맛일까. 완성된 커피가 커피잔이나 머그가 아닌 전통 다완 혹은 막사발에 담긴다. 처음부터 끝까지 커피에 대한 일련의 고정관념이 깨진다. 그러고 보면 커피도 차의 일종인데 사찰에서 마신다는 행위를 너무 별스럽게 생각한 건 아닌가 싶기도 하다.

커피를 내리는 체험은 스님뿐 아니라 현덕사 방문자도 할 수 있다. 템플스테이 과정 중 커피 체험 프로그램이 마련되어 있어 본인만의 커피를 만들 수 있다. 모든 과정은 기계의 힘을 빌리지 않은 '수동'이다. 직접 볶고 갈아 내린 커피의 맛이 특별할 수밖에 없다. 거기에 소금강의 맑은 물과 공기, 그리고 사찰의 분위기가 더해져 그 향은 더욱 그윽하다. 가능하면 하룻밤 정도 사찰에서 묵고 가는 것이 좋다. 사실 오래된 사찰은 아니기 때문에 잠깐 들러서는 현덕사의 매력을 온전히 느낄 수 없다.

알고 가면 더 좋다

오대산의 한 자락인 만월산 기슭에 자리한 '커피 볶는 사찰'로 알려진 현덕사는 최근에는 한 예능 프로그램에 등장하면서 강원도에서 가장 유명한 사찰 중 한 곳이 되었다. 덩달아 현덕사 템플스테이도 일찌감치 예약해야 원하는 날짜에 체험할 수 있다.

커피 체험은 템플스테이 프로그램 중 하나다. 그렇기 때문에 특별한 행사날이 아니면 템플스테이를 해야 '사찰 커피'를 내려볼 수 있다. 현덕사 템플스테이는 다른 사찰보다는 조금 더 자유롭다. 짜인 스케줄대로 움직이는 대신 오리엔테이션, 예불, 공양 시간만 따르면 나머지는 개인적인 시간으로 보낼 수 있다. 템플스테이는 1박 2일이 기본이고 2박 3일, 3박 4일, 길게는 1년까지도 가능하다.

현덕사에서는 해마다 인간으로 하여금 숨진 동식물을 위해 천도재를 지낸다. "모든 생명은 그 자체로 소중하고 존엄한 것"이라는 현종 스님의 뜻에서 시작되었다.

현덕사의 주지인 현종 스님은 몇 차례 매스컴을 통해 세간에 알려져 스타 스님이 되었다. 사찰에 방문할 예정이라면 현종 스님의 저서 『산사로 가는 즐거움』을 읽어보는 것도 좋다. 현덕사에서의 소소한 일상과 부처님의 가르침을 전하는 책이다.

강릉 주민 추천 ★★★☆☆

"우리나라에서 유일하게 커피를 내려 마실 수 있는 사찰일 겁니다. 이런 특별한 체험을 또 어디서 할 수 있을까요? 아마도 평생 잊을 수 없는 추억이 되겠지요."

- **주소** 강릉시 연곡면 싸리골길 170
- **입장시간** 없음
- **입장료** 없음
- **평균 소요시간** 2시간
- **문의** 033-661-5878, www.hyundeoksa.or.kr

365일 축제가 열리는 바다
주문진

주문진은 생각보다 볼 것도 할 것도 참 많은 동네다. 주문진 관광의 8할을 차지할 만큼 주문진수산시장은 강원도의 대표적 수산시장으로 오랜 시간 자리매김해왔다. 500여 척의 어선이 정박할 수 있는 동해안 최대의 어업항인 주문진항을 곁에 두어 뭍으로 쏟아지는 해산물만 연간 10톤이 넘어가니 시장은 실로 굉장한 규모가 될 수밖에 없다. 항과 붙어 있는 좌판수산물종합시장(어민시장)에 대로변으로 둘러선 건어물시장, 메인이라고 할 수 있는 수산시장, 그 뒤편에 자리한 종합시장까지 주문진에서는 시장만 둘러봐도 한나절이 뚝딱 흘러간다. 그러나 시장을 구경했다고 해서 절대 주문진을 다 보았다고 단정 지어선 안 될 일이다.

주문진등대도 봐야 하고 소돌항까지 걸어도 봐야 한다. 신기하게 생긴 소돌아들바위도 구경해야 하고 그 앞에 펼쳐진 옥색 빛깔의 영롱한 바다도 감상해야 한다. 해 질 녘에는 바다를 이웃한 호수인 향호의 데크길을 걸으며 억새밭의 정서에 흠뻑 빠져도 봐야 한다. 먹을 것도 넘쳐난다. 제철 생선회와 해물탕, 생선구이와 해산물찜, 냉면과 막국수, 입맛 돋우는 각종 젓갈…… 짐이 생기는 '해산물 쇼핑'은 일정 마지막으로 미루자. 주문진에서 해야 할 일이 정말 많다. 시장의 벅적한 분위기가 너무 정신없다면 항구 근처 건물 옥상에 올라볼 일이다. 얌전하게 정박한 배들과 그 사이를 오가는 갈매기들이 만들어내는 파노라마가 펼쳐진다.

알고 가면 더 좋다

주문진수산시장 입구 맞은편 나루쉼터로 불리는 관광안내소에서 시장 지도와 정보를 얻자.

1·2월은 양미리, 3·4월은 꽁치, 5·6월은 문어, 7·8월은 오징어, 9·10월은 곰치와 장치, 11·12월은 복어가 좌판을 채운다. 동시에 해당 어종의 '축제'가 열리는데, 주문진의 상징인 오징어축제는 10월이다.

해변길을 따라 주문진항→주문진등대→소돌항→소돌아들바위를 거닐어보자. 시간적으로 여유가 된다면 영진항부터 소돌항까지 걸어도 좋다. 총 4킬로미터 정도 되는 거리로 차가 있다면 드라이브도 괜찮다.

향호해변, 소돌해변, 영진해변, 연곡해변 모두 주문진 일대의 해변이다.

매년 4월 하순이면 주문진읍 장덕2리에서 복사꽃축제가 열린다. 수산시장 건물 옥상에 있는 꽁치극장은 큰 축제나 행사가 있을 때 공연이 열리는 야외무대다.

강릉 주민 추천 ★★★★☆

"주문진은 아침부터 밤까지 지루할 틈이 없는 곳이에요. 아침에는 수산시장 구경하고 점심에는 싱싱한 해산물 요리 먹고 저녁에는 석양에 물든 항구도 보고요. 여름밤이면 주문진 앞바다는 온통 오징어잡이 배의 불빛으로 찬란하답니다. 볼 만한 광경이죠."

- **주소** 강릉시 주문진읍 시장길 38
- **입장시간** 없음
- **입장료** 없음
- **평균 소요시간** 머무르는 만큼
- **문의** 주문진읍사무소 033-640-4629

| 여기도 한번 가보세요 |

천년 넘은 침향이 묻힌 호수
향호

주문진항에서 북쪽으로 30분쯤 걸어가면 자연 호수가 하나 있다. 마치 경포바다 옆에 있는 경포호처럼 바다 옆에 잔잔하게 머물러 있는 호수다.

이곳은 인적이 드물어 한적하고 고요하다. 간간이 철새들이 물 위를 오가고 어쩌다 낚시를 하려는 강태공과 호수 풍경을 담으려는 사진가들이 방문할 뿐이다. 그래도 바우길(제13코스가 향호를 지나간다)로 오가는 사람이 적지 않은 탓인지 호수변에는 나무 데크길이 놓여 산책하기가 참 좋다. 호수는 한 바퀴 도는 데 30분이 훌쩍 넘을 만큼 제법 큰 규모다.

하얗게 피어난 갈대 군락과 햇빛에 반짝이는 수면이 평화롭게 느껴진다. 향호를 바라볼 때 읊어봐야 할 시가 한 편 있다. 서정주의 '침향沈香'이다. "침향을 만들려는 이들은/ 산골 물이 바다를 만나러 흘러내려 가다가/ 바로 따악 그 바닷물과 만나는 언저리에/ 굵직굵직한 참나무 토막들을 잠겨 넣어둡니다"로 시작하는 작품이다. 고려 때 사람들은 바닷물과 계곡물이 만나는 지점에 향나무를 묻고 미륵보살이 다시 태어날 때 이 침향으로 공양을 드릴 수 있도록 해달라는 매향埋香의 풍습이 있었다고 한다. 향호 또한 매향의 전설이 깃든 곳이다. 한번 묻은 향나무는 200~300년이 지나야 꺼냈을 때 향이 제대로 난다고 한다. 그러니 오래전 조상들은 눈에 보이지 않는 후대를 위해 향나무를 넣어둔 셈이다. 향호에는 천년 넘은 침향이 있다고 전해진다.

- **위치** 강릉시 주문진읍 향호리 동해대로
- **문의** 주문진 관광안내소 033-640-4535

| 여기도 한번 가보세요 |

공룡 시대에 솟아오른 바위
소돌아들바위

벅적한 분위기의 주문진항에 비교하면 소돌항은 가만가만 다소곳한 항구다. 소가 누워 있는 바위 형상이라 소돌로 이름 붙여진 이곳은 전형적인 작은 어촌항구의 분위기를 자아낸다. 소돌항까지 왔다면 꼭 지나치지 말아야 할 곳이 소돌아들바위다. 1억5000만 년 전 쥐라기시대에 바닷속에 있다가 지각변동으로 솟아난 바위로, 그 형태가 수소의 뿔 같기도 하고 거대한 동물의 뼈 같기도 하다. 옛날에 어떤 노부부가 바위를 향해 기도를 한 후 아들을 얻게 되면서 아들바위라고 불리게 되었다고 한다. 크고 작은 바위가 옹기종기 모여 있고 바위는 담이 되어 하나의 자연 수영장을 만

들어냈다. 물이 맑고 얕아 바닥이 다 비치는데 그 물빛이 제주 바다처럼 옥빛이다. 어촌계에서는 일찍이 이 예쁜 바다에 투명 카누를 띄웠다. 바닷속이 훤히 들여다보이는 카누는 여름철마다 운영돼 큰 인기를 끌고 있다. 소돌항으로 향하는 길 언덕 위에 세워진 강원도의 첫 등대 주문진등대도 들르자. 초기 등대 건축 양식인 벽돌식 구조로 이곳에 오르면 주문진 일대를 굽어볼 수 있다.

- **위치** 강릉시 주문진읍 주문리 해안로 1968-8
- **문의** 주문진 관광안내소 033-640-4535

무엇을 먹을까

시골한밥상

소금강으로 가는 길목에 자리한 가정집을 이용한 식당이다. 각종 나물과 된장찌개가 정갈하게 나오는 산채비빔밥이 괜찮다. 오리고기 맛 같기도 하고 소고기 맛 같기도 한 기러기고기도 판다.

- **가는 길** 소금강으로 향하는 진고개로에서 신왕초등학교 못미처 오른쪽 골목 안
- **주소** 강릉시 연곡면 행정2길 7
- **문의** 033-662-8655
- **휴일** 연중무휴

연곡꾹저구탕

망둥어처럼 생긴 민물고기 꺽저기(강릉 사투리로 꾹저구)를 갈아 추어탕처럼 끓인 탕을 낸다. 된장과 고추장을 푼 국물은 진하고 구수하다. 푸짐한 감자밥과 함께 나온다.

- **가는 길** 연곡면사무소에서 소금강 방면, 차로 1분 거리
- **주소** 강릉시 연곡면 진고개로 2679
- **문의** 033-661-1494
- **휴일** 연중무휴

마시와오징어빵

오징어 모양을 한 빵으로 앙금에 말린 오징어 조각이 들어 있다. 오징어 모양의 호두과자인데 호두 대신 오징어가 들어 있다고 생각하면 된다. 빵과 팥이 오징어와 어울릴까 싶지만 의외로 맛이 좋다.

- **가는 길** 영진해변 대로변에 위치
- **주소** 강릉시 연곡면 연곡해안로 1445-1
- **문의** 033-661-4311, www.masiwa.co.kr
- **휴일** 연중무휴

실비생선구이

모둠생선구이를 시키면 꽁치와 고등어를 맛깔나게 구워준다. 밥에 생선살을 떼어 올리고 반찬으로 나오는 청어알젓갈을 김에 싸 함께 먹으면 맛있다. 식사 후 마른 누룽지와 오가피물을 준다.

- **가는 길** 주문진수산시장 정문 가기 전
- **주소** 강릉시 주문진읍 해안로 1728
- **문의** 033-661-4952
- **휴일** 명절 당일

무엇을 먹을까

대동면옥

회비빔막국수와 회비빔냉면이 괜찮은 집. 매콤새콤한 양념과 가자미회, 차진 면발의 조화가 입맛을 돋운다. 수육과 물막국수, 물냉면도 판매한다.

- **가는 길** 주문진종합시장 뒤편
- **주소** 강릉시 주문진읍 연주로 438
- **문의** 033-662-0076
- **휴일** 연중무휴

삼교리원조동치미막국수

강릉에서 막국수로 유명한 지역은 주문진이다. 그중에서도 삼교리원조동치미막국수는 오랜 시간 지역 주민들에게 사랑받아온 집이다. 시원한 동치미 국물에 말아서 먹는 막국수는 시원하고 담백하다.

- **가는 길** 주문진 주유소에서 삼교리 쪽으로 8킬로미터
- **주소** 강릉시 주문진읍 신리천로 760
- **문의** 033-661-5396
- **휴일** 연중무휴

월성식당

장치찜으로 널리 알려진 집이다. 장치는 야구방망이처럼 생긴 생선으로 예전처럼 많이 잡히지 않아 귀해진 어종이기도 하다. 장치찜은 장치와 감자가 함께 빨갛게 양념돼 나오는 요리다. 생선의 부위별로 씹히는 느낌이 조금씩 다르다. 어떤 부분은 아귀나 곰치 같고 또 어떤 부분은 생태 같다.

- **가는 길** 주문진수산시장 입구 지나 주문진항 입구 교차로 못미처 위치
- **주소** 강릉시 주문진읍 시장3길 4-1
- **문의** 033-661-0997
- **휴일** 연중무휴

캐빈횟집

주문진 바다 앞에 위치해 전망이 좋고 깔끔한 인테리어와 쾌적한 분위기의 횟집이다. 여유롭게 앉아 생선회를 먹고 가기 좋다. 스페셜모둠회를 시키면 신선한 제철 회가 다양한 밑반찬과 함께 한 상 가득 나온다.

- **가는 길** 주문진항에서 해안로 따라 소돌항 못미처 왼쪽
- **주소** 강릉시 주문진읍 해안로 1935
- **문의** 033-661-9875
- **휴일** 연중무휴

어디서 쉴까

쿠바

강릉 해변에는 수많은 카페가 있지만 이렇게 시원하게 바다가 보이는 곳은 또 없을 것이다. 카페 앞에는 정차된 자동차도, 가로걸리는 전봇대나 이정표도 없다. 시야가 탁 트여 빨간 등대와 푸른 바다만이 존재한다. 물론 커피 맛도 좋다.

- **가는 길** 강릉정보공업고등학교 뒤편 해안가
- **주소** 강릉시 주문진읍 남부해안로 1627
- **문의** 033-662-0118
- **휴일** 연중무휴

커피바다

회센터 2층이라 외관만 봐서는 분위기를 기대할 수 없지만, 내부로 들어서는 순간 카페의 '이면'을 보게 된다. 테이블 바로 아래가 넘실대는 바다이기 때문이다. 바다에 떠서 커피를 마시는 느낌이다.

- **가는 길** 주문진 방파제회센터 내
- **주소** 강릉시 주문진읍 해안로 1822
- **문의** 033-662-8277
- **휴일** 연중무휴

보헤미안

우리나라 1세대 커피명인이자 핸드드립 커피의 거장으로 통하는 박이추 선생의 카페다. 강릉 카페들의 성지라 부를 만하다. 1세대 바리스타 중 유일하게 현역으로 활동 중인 박이추 선생이 모든 커피를 직접 내린다. 피서철에는 아침 7시부터 줄을 설 정도로 인기가 많다. 보통 아침 8시에 문을 열고 오후 4시 30분이면 주문을 마감하고 5시쯤 문을 닫는다. 커피와 토스트, 고로케 등이 나오는 모닝 세트는 오전 9시~11시 사이에 맛볼 수 있다.

- **가는 길** 연곡삼거리에서 영진해수욕장 방면으로 가다가 오른쪽
- **주소** 강릉시 연곡면 홍질목길 55-11
- **문의** 033-662-5365
- **휴일** 매주 월요일~수요일

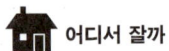 어디서 잘까

주문진리조트

전 객실에서 바다를 볼 수 있고 주문진해변에 위치해 바닷가 이동이 편하다. 해송 산책길, 수산시장, 향호가 가까운 점도 장점. 야외 수영장과 골프장, 기차 카페 등의 부대시설이 있다.

- **가는 길** 주문진해변 뒤편
- **주소** 강릉시 주문진읍 향호리 향해안로 2070
- **예약 및 문의** 033-661-7400, www.jumunjinresort.com

더 블루힐

주문진해변과 가까운 아파트형 리조트다. 객실이 호텔처럼 깔끔하고 안락하다. 수영장과 놀이방, 바비큐장 등이 있으며 일정 보증금을 내면 별장처럼 쓸 수 있는 회원제로도 운영이 된다. 아이들을 위한 부대시설이
잘 갖춰져 있는 편이며 예약 시 아침식사를 신청할 수 있다.

- **가는 길** 신영초등학교에서 방학교 건너 오른쪽으로 약 350미터
- **주소** 강릉시 주문진읍 주문북로 147-32
- **예약 및 문의** 033-662-0476, www.thebluehill.co.kr

어디서 잘까

소금강 양떼목장

폐교를 게스트하우스로 꾸몄다. 칠판이 그대로 걸려 있는 교실에서 자는 하룻밤이 이색적이다. 숙박하면 양떼 체험도 함께할 수 있다.

- **가는 길** 소금강 방면 진고개로 따라가다 장천마을 지나 바로
- **주소** 강릉시 연곡면 진고개로 1321
- **예약 및 문의** 033-661-3395, www.psheep.kr

현덕사 템플스테이

커피 체험과 별자리 찾기 등 다른 절에는 없는 프로그램이 마련되어 있다. 특히 주중에 운영되는 휴식형 템플스테이가 인기다.

- **가는 길** 소금강관광농원 쪽 마을길로 진입
- **주소** 강릉시 연곡면 싸리골 170
- **예약 및 문의** 033-661-5878, www.hyundeoksa.or.kr

노벰버펜션

작은 부띠끄 호텔처럼 클래식한 인테리어에 깔끔한 객실을 자랑하는 펜션이다. 카페와 글램핑존 등의 부대시설이 있고 직원들이 매우 친절하다. 조식을 제공한다.

- **가는 길** 영진해변에서 도보로 5분 거리
- **주소** 강릉시 연곡면 영진4길 16-2
- **예약 및 문의** 033-662-6642, www.november.co.kr

주문진수산시장 맞은편에는 승선 인원 990명 정원의 관광 유람선이 하나 정박해 있다. 배의 이름은 이사부크루즈. 낮과 밤 모두 승객을 태우고 주문진과 경포 일대 바다를 돌지만, 진짜 크루즈의 묘미는 밤에 느낄 수 있다.

디너크루즈는 매주 토요일 저녁 7시에 출항해 120분간 바다 위에서 낭만을 즐긴다. 동해의 야경을 관광하고 뷔페에서 마음껏 음식을 즐긴 후 기예단 공연, 라이브 가수 공연, 러시아 무용쇼 등 화려한 선상 공연을 감상한다. 크루즈는 대형 선상불꽃쇼로 막을 내린다. 불꽃이 크고 화려해서 멀리 사천해변에서도 잘 보인다.

낮에는 세 차례 출항해 80분간 바다를 돈다. 주문진항에서 영진항과 연곡해변을 경유해 경포해변 앞 5리바위, 10리바위를 선회하는 코스다. 회덮밥이나 수제돈가스가 메뉴인 점심식사가 포함된다. 최근 크루즈 여행이 인기를 얻다보니 큰 부담 없이 즐길 수 있는 선상 관광 이사부크루즈를 이용하는 이들이 크게 늘고 있다.

● **주소** 강릉시 주문진읍 해안로 1730
● **문의** 1588-0890, www.gcruise.kr

이렇게도 가보자

★ 날짜별 코스

당일치기 코스
정동진역-(아침식사)-오죽헌-선교장-(점심식사)-경포해변-주문진수산시장

1박 2일 코스
첫째날 선자령풍차길 혹은 대관령옛길-(점심식사)-대관령박물관
둘째날 오죽헌-선교장-참소리축음기 에디슨과학박물관-(점심식사)-경포호-사천진해변

첫째날 소금강-(점심식사)-양떼목장-현덕사
둘째날 오죽헌-선교장-허균·허난설헌기념공원-(점심식사)-주문진수산시장-소돌항

2박 3일 코스
첫째날 오죽헌-선교장-허균·허난설헌기념공원-(점심식사)-경포해변-안목해변
둘째날 강릉임영관 관아-명주사랑채-(점심식사)-강릉솔향수목원-굴산사지 당간지주
셋째날(1안) 강릉통일공원-하슬라아트월드-(점심식사)-정동진박물관-정동진해변
셋째날(2안) 소금강-(점심식사)-소금강 양떼목장-현덕사

★ 테마별 하루 코스

커피 로드 코스
커피박물관-(점심식사)-명주사랑채-보헤미안-안목해변

자전거 코스
1안 경포호-경포해변-사근진해변-순긋해변-사천해변-사천진해변-하평해변
2안 경포호-경포대-선교장-오죽헌-허균·허난설헌기념공원

먹거리 코스
초당두부마을-중앙시장-시내(장칼국수나 감자옹심이)-주문진수산시장

연인들을 위한 코스
1안 하슬라아트월드-정동진역-썬크루즈리조트-심곡항-금진항
2안 경포호-경포해변-이사부크루즈-향호

나홀로 코스
강릉임영관 관아-선교장-경포 가시연습지-사천진해변 혹은 강문해변

유적 답사 코스
강릉향교-강릉임영관 관아-오죽헌-선교장-허균·허난설헌기념공원-굴산사지 당간지주-굴산사터

강릉을 가장 잘 느낄 수 있는 방법

바우길 걷기

흔히 전국의 3대 트레킹 코스로 제주의 올레길, 지리산의 둘레길 그리고 강릉의 바우길을 꼽곤 한다. 사실 이 책에서 제시한 모든 권역별 코스가 바우길에 포함된다. 한 코스를 다 돌아봤다면 최소 1개의 바우길을 걷게 되는 것이다. 그만큼 바우길은 강릉 전역을 아우르는 여러 갈래의 잎맥 같은 길이다. 대관령부터 정동진까지 무려 370킬로미터, 모두 20개 구간으로 이루어져 있다.

산림과 바다, 계곡과 호수, 문화재와 유원지, 시골마을과 번화한 시내까지 여행에서 마주칠 수 있는 모든 풍경이 바통을 이어받듯 굽이굽이 펼쳐진다. 바우길의 매력은 산맥에서 바다로 이어지는 숲길임에도 대관령 등 일부 구간을 제외하고는 급경사가 없어 남녀노소 누구든 편하게 걸을 수 있는 산책로라는 점이다.

바우길의 '바우'는 강원도와 강원도 사람을 친근하게 부르는 '감자바우'라는 단어에서 유래했다.

- **문의** 033-645-0990, www.baugil.org

★ 바우길 20개 코스

1코스 선자령풍차길
12킬로미터, 소요시간 4시간
양떼목장과 풍력발전기, 소나무와 자작나무가 어우러진 능선길
대관령마을휴게소→2구간분기점→한일목장길→우측숲→선자령→동해전망대→대관령마을휴게소

2코스 대관령옛길
14킬로미터, 소요시간 6시간
옛사람들이 넘어 다닌 고갯길로 울창한 산림과 계곡을 지나는 길
대관령하행휴게소→풍해조림지→국사성황사→반정→옛주막터→우주선화장실→어흘리→바우길게스트하우스

3코스 어명을 받은 소나무길
12.5킬로미터, 소요시간 4~5시간
조선시대 경복궁 복원을 위해 어명을 받은 소나무의 일화를 간직한 길
바우길게스트하우스→장승쉼터→어명정→술잔바위→임도삼거리→명주군왕릉→주차장

4코스 사천둑방길
18킬로미터, 소요시간 6시간
산과 농촌마을, 바다를 아우르는 평탄한 길
명주군왕릉→10구간분기점→3구간분기점→해살이마을→현평교→7번국도지하도→운양초교→사천해변공원

5코스 바다호숫길
16킬로미터, 소요시간 6시간
해변과 항구, 경포호수를 둘러가는 시원한 길
사천해변공원 → 경포인공폭포 → 경포대 → 허균·허난설헌기념공원 → 강문해변 → 송정해변쉼터 → 강릉항(죽도봉) → 솔바람다리 → 남항진해변

6코스 굴산사 가는 길
18.5킬로미터, 소요시간 6~7시간
바다와 강릉시내, 시골마을까지 두루 구경할 수 있는 길
솔바람다리 → 남항진교 → 공항대로 → 성덕초교 → 중앙시장 → 강릉단오문학관 → 모산봉 → 장현저수지(솔밭쉼터) → 구정면사무소 → 오독떼기전수관

7코스 풍호연가길
17.5킬로미터, 소요시간 7시간
평화로운 들판을 가로질러 가는 마을 산책길
오독떼기전수관 → 당간지주 → 학산3리마을회관 → 금광초교 → 덕고개 → 정감이 산책로(전망대) → 정감이수변공원 → 강동면사무소 → 풍호연꽃밭 → 하시동 해안사구 → 안인항

8코스 산우에 바닷길
9.4킬로미터, 소요시간 5시간
끊임없이 바다를 벗하며 걷는 산길
안인항 → 주차장 → 전망대 → 활공장전망대 → 방송송신탑 → 당집 → 183고지 → 정동진역

9코스 헌화로 산책길

14킬로미터, 소요시간 6시간

바다와 기암절벽 사이를 걷는 멋진 길

정동진역 → 모래시계공원 → 소방파출소 → 곰두리연수원 → 심곡항 → 금진항 → 한국여성수련원 → 옥계IC → 옥계시장

10코스 심스테파노길

11킬로미터, 소요시간 5시간

병인박해 때 순교한 신자 스테파노를 기리는 길

명주군왕릉 → 영동고속도로 강릉휴게소 → 솔바위 → 법륜사 → 위촌리 버스종점 → 전통문화전승관 → 송양초교

11코스 신사임당길

16.3킬로미터, 소요시간 6시간

신사임당의 흔적과 강릉 대표 유적지를 만나보는 길

송양초교 → 죽헌저수지 → 오죽헌 → 선교장 → 시루봉 → 경포대 → 허균·허난설헌 기념공원

12코스 주문진 가는 길

12.5킬로미터, 4~5시간

해안도로를 따라 방파제와 수평선, 등대를 바라보는 길

사천해변공원 → 영진교 → 주문진항 → 주문진등대 → 소돌항(아들바위공원) → 주문진해변주차장

13코스 향호 바람의 길
15킬로미터, 소요시간 5~6시간
한가로운 호수와 저수지 둘레길

주문진해변주차장 → 향호목책로 → 부대담장길 → 고속도로지하도 → 향호저수지 수변로 → 향호저수지제방 → 향호목장 → 고속도로육교 → 향호공원(정자) → 주문진해변주차장

14코스 초희길
11킬로미터, 소요시간 3~4시간
허난설헌(허초희)의 흔적을 느끼며 걷는 숲길

시청주차장 → 시외버스터미널 → 원대재산림욕장 → 임영고개 → 소동산봉수대 → 춘갑봉 → 허균·허난설헌기념공원 → 경포해변

15코스 강릉솔향수목원 가는 길
15.5킬로미터, 소요시간 5~6시간
금강송의 푸른 기운이 느껴지는 건강한 길

성산면사무소 → 버들고개 → 강릉솔향수목원 → 대관령사슴목장 → 상아어린이집 → 신복사지 3층석탑 → 강릉단오문화관

16코스 학이시습지길
10.5킬로미터, 소요시간 4시간
역사 공부를 하듯 주요 명소를 들르는 선비의 길

강릉원주대학교(해람지) → 오죽헌 → 선교장 → 허균·허난설헌기념공원 → 강릉원주대학교 홍보관

기타 코스1 대관령 국민의 숲길

11킬로미터, 소요시간 4시간

타박타박 힘들이지 않고 걷는 대관령 둘레길

대관령마을휴게소→야생화숲길→능경동 입구(샘터)→국민의 숲 산림트레킹 코스→남경식당→래포빌펜션→잎깔나무숲길 입구→1구간분기점→2구간분기점→양떼목장→대관령마을휴게소

기타 코스2 대관령 눈꽃마을길

12킬로미터, 소요시간 5~6시간

겨울에 가면 더 아름다운 대관령 마을길

눈꽃마을 산촌생태체험→고원목장→승마클럽→켄터키펜션단지→대관령 소심원펜션→능선소나무쉼터→능선 오른쪽 숲길→잠수교→눈꽃마을 산촌생태체험장

기타 코스3 울트라 바우길

74.4킬로미터, 소요시간 4박 5일

백두대간의 축소판 같은 길

안인진주차장→덕우리재→삽당령→닭목령→대관령→바우길게스트하우스

기타 코스4 계곡 바우길

20.5킬로미터, 소요시간 10시간

시원한 물소리 들으며 계곡 따라 걷는 길

부연약수주차장→머구재→임도갈림길→삼거리좌측→마지막 민가(물고수계곡 진입)→법수치계곡(합수지점)→잠수교→팥밭무기교→합실교→합실(합수지점)→가마소→부연약수주차장

휴식이 필요한 당신을 위한 맞춤 강릉 여행

쉼표, 강릉

1판1쇄 펴냄 2014년 3월 31일

지은이 유승혜 | **펴낸이** 김경태 | **마케팅** 박정우 | **편집** 홍경화
디자인 Studio Marzan 김성미 | **지도 제작** 한승일
사진 제공 (주)메뉴판닷컴 p79, 212, 214, 258 강릉시청 p61, 91, 220 노벰버펜션 p261 더 블루힐 p259 라카이샌드파인리조트 p84 마시와오징어빵 p253 바하마다이브리조트 p92 썬크루즈리조트 p175 운유촌 p218 와바다다 p90 이문규(스튜디오 etc) p23, 95, 123, 208 이사부크루즈 p227, 262, 263 작은식당835 p213 참소리축음기 에디슨과학박물관 p57 커피커퍼 p203 코레일관광개발 p178 하슬라뮤지엄호텔 p174 한국관광공사 베네키아사업팀 p85, 255 현덕사 p241 호텔메이플비치 p15, 177 홍씨호텔 p139 VV호텔 p138
일부 음식점 사진을 제공한 (주)메뉴판닷컴은 맛집요리 전문 포털사이트로 웹 메뉴판닷컴과 모바일 전국맛집 TOP 1000, 아이쿠폰 매체를 보유하고 있다.

펴낸곳 퍼블리싱 컴퍼니 클
출판등록 2012년 1월 5일 제311-2012-02호
주소 122-842 서울시 은평구 연서로 26길 25-6
전화 070-4175-4680 | 팩스 02-354-4680 | 이메일 editor@bookkl.com

ISBN 979-11-85502-03-8 13980

이 도서의 국립중앙도서관 출판시도서목록(CIP)은 서지정보유통지원시스템 홈페이지(http://seoji.nl.go.kr)와 국가자료공동목록시스템(http://www.nl.go.kr/kolisnet)에서 이용하실 수 있습니다.(CIP제어번호: CIP2014008285)

이 책은 저작권법에 의해 보호를 받는 저작물이므로 무단 전재 및 무단 복제를 금합니다.
잘못된 책은 바꾸어드립니다.